KB153626

12세 전에 완성하는

뇌과학
독서법

12세 전에 완성하는

뇌과학
독서법

김대식 지음
한미화, 이은경 부록

🐢비룡소

새로운 뇌를 만들어주는 책

여러분은 지금 『12세 전에 완성하는 뇌과학 독서법』이라는 책을 읽고 있습니다. 그런데 도대체 '책'이란 무엇일까요? 아마 대부분 글과 그림으로 가득한 종이들의 묶음이겠지요. 그런데 사실 글과 그림은 본질적으로 다릅니다. 빨간 사과의 사진을 상상해보시면 좋겠습니다. 사진 아래에는 "빨간 사과"라는 글자도 적혀 있다고 상상해볼까요? 종이에 인쇄된 이 둘 사이에는 어떤 차이가 있을까요?

사과의 동그란 형태와 빨간색은 아무 노력 없이도 이해가 가능합니다. 우리 뇌에는 사물의 형태와 색깔을 알아보고 구별하는 신경세포들이 이미 존재하기 때문입니다. 하지만 "빨간 사과"라는 글자는 다릅니다. 한글을 읽지 못하는 사람에게는 아무 의미 없는 '낙서'에 불가합니다. 그리스어를 모르는 대부분의 한국인에게 사과를 뜻하는 그리스어 $\mu\tilde{\eta}\lambda o$(밀로)라는 글자가 무의미하듯 말입니다.

자연은 '글'을 모릅니다. 인류가 정착하고 문명을 만들기 시작하며 얻게 된 최고의 발명품 중 하나가 글이라지만, 여전히 원시시대 구조를 가지고 있는 뇌는 글을 자연스럽게 읽고 이해할 줄 모릅니다. 꾸준한 노력과 연습을 통해서만 우리는 글을 읽을 수 있으니 말입니다.

여러분이 읽게 될 이 책은 '글을 읽는 뇌'에 대한 책입니다. 지금은 그림과 동영상으로 가득한 21세기 인터넷 시대입니다. 인공지능과 메타버스라는 새로운 기술까지 더해지면 영상과 그림은 우리 삶에서 더욱더 큰 역할을 할 것입니다. 그런데도 이 책은 우리는, 특히 우리 아이들은 여전히 책을 읽어야 한다고 주장합니다. 아니, 인공지능과 메타버스 시대에 더 많은 책을 읽어야 한다고 말합니다. 이유는 간단합니다. 그림과 영상은 너무나 '자연스럽기에' 뇌를 자극하지 않습니다. 노력 없이도 이해가 가능하니까요.

하지만 글을 읽으려면 '피눈물' 나는 노력을 해야 합니다. 선, 사각형, 점, 원…… 다양한 모양들을 하나의 단어로 합쳐야 하고, 그 단어를 우리가 아는 의미와 연결해야 합니다. 책을 읽는 순간 뇌는 수많은 자극을 받게 되고, 특히 어린아이의 뇌는 이런 자극을 통해 더 많고 다양한 신경세포들 사이의 연결 고리를 완성합니다.

TV와 유튜브는 이미 완성된 뇌를 활용하기만 하지만, 책은 새로운 뇌를 만들어줍니다. 이 책을 통해서도 우리 아이들의 뇌에 새로운 연결 고리들이 무수히 만들어지길 기대해봅니다.

2023년 1월

김대식

우리는 왜 책과 멀어진 걸까?

라익스뮤지엄 도서관과 관광객들

네덜란드 암스테르담에는 '라익스뮤지엄Rijksmuseum'이라는 국립 박물관이 있습니다. 네덜란드 역사를 빛낸 유물들뿐만 아니라 그 유명한 렘브란트 하르먼스 판레인Rembrandt Harmensz van Rijn의 그림까지 구경거리가 참 많지요.

이 박물관에서 제가 가장 좋아하는 곳은 라익스뮤지엄 도서관을 볼 수 있는 장소입니다. 유리 천장에서 빛이 쏟아져 들어오는 드넓은 방, 5층 가까이 되는 벽면에 수천수만 권의 책이 빽빽하게 꽂혀 있습니다. 그 웅장한 규모에 그저 보는 것만으로도 압도당하고 맙니다. 하지만 그 무수한 책 중 우리가 읽어본 책은 과연 몇 권이나 될까요? 저를 비롯한 많은 관광객이 아름다운 서가를 배경으로 SNS에 올릴 사진만 찍을 뿐, 실제로 그런 책들을 읽어야겠다는 생각은 하지 않습니다. 도서관은 이제 기가 막히게 근사한 배경이자 어마어마한 데코레이션일 뿐인 거지요.

이곳에 꽂힌 책들은 대부분 지난 수백 년 동안 누구의 손길도 닿지 않은 채 그 상태 그대로 보존되어왔을 것입니다. 어디 이 도서관뿐이겠습니까. 요즘 사람들은 참 책을 안 읽지요? 어른이나 아이나 독서가 취미라는 이야기를 들어본 지가 참 오래된 것 같네요. 찔리신다고요? 저도 사실 그렇습니다.

우리, 왜 이렇게 책과 멀어진 걸까요?

쇠사슬에 매달려 있는 책

말이 나온 김에 책에 대한 이야기를 좀 더 해보겠습니다.

까마득히 먼 옛날로 시간 여행을 떠나볼까요. 1천 년 전쯤으로 말이지요. 그 시대에도 책이 있었을까요? 네, 있었습니다. 그러나 인쇄 기술이 발달하지 못했기 때문에 책은 무척 귀한 물건이었지요.

책 속에 들어 있는 그 많은 글자를 사람이 한 자 한 자 일일이 손으로 썼다고 생각해보세요. 과거에 손으로 글자를 옮겨 적는 일을 하는 사람을 '필경사筆耕士'라고 불렀습니다. 한자 그대로 해석하면 '(붓을 쥔) 손으로 밭을 가는 사람'이라는 뜻이니, 글자를 바르게 옮겨 적는 게 농사 못지않게 힘들었던 모양입니다. 중세 유럽의 필경사들은 하루 평균 세 페이지 정도만 겨우 필사를 할 수 있었다고 하네요.

게다가 당시 유럽에는 종이도 없었습니다. 그러다 보니 동물 가죽을 벗겨 만든 양피지를 이용해 책을 만들었지요. 주로 소나 양, 새끼 염소의 가죽을 썼다고 하네요. 글쎄요, 동물 한 마리를 잡으면 양피지가 얼마나 나올까요? 대략 열 장이나 나오려나요? 그럼 300장짜리 두꺼운 책을 만들려면 얼마나 많은 동물을 희생시켜야 하는지 계산이 되실 겁니다. 게다가 서양 시대극에서 자주 본 깃털 달린 펜을 만들기 위해서도 거위 한두 마리로는 턱없이 부족했겠지요.

이렇게 살아 있는 동물을 수십 마리씩 죽여야 하는 데다가 한 글자 한 글자 사람이 갖은 정성을 들여야 하니, 책 한 권을 만드는 데 걸리는 시간과 노력은 떠올리는 것만으로도 정신이 아찔해집니다. 당시의 책값을 오늘날 우리돈으로 환산하면 얼마나 할까요? 책의 두께나 장식에 따라 다르겠지만 적어도 몇 백만 원 이상, 비싼 경우에는 억 단위가 넘는다는 기록까지 있습니다. 지금 우리가 얼마나 저렴한 가격으로 책을 구해 읽을 수 있는 것인지 새삼 고마운 마음까지 드네요.

책이 이토록 귀하다 보니 아무나 쉽게 접근할 수 없었겠지요. 유럽에 있는 중세 수도원의 도서관에 가보면 책들을 쇠사슬에 매달아 아무도 가져갈 수 없도록 보관해놓은 경우가 흔합니다. 꽁꽁 묶여 있는 책의 쇠사슬을 풀어서 읽을 생각도 쉽게 하기 어려웠겠지요.

그렇습니다. 과거의 책은 부의 상징이었습니다. 부의 상징은 곧 권력의 상징이기도 했지요. 왕과 귀족들은 자기 힘을 과시하기 위해 집 안에 귀하디귀한 책 한두 권을 들여놓고 당당히 전시했습니다. 표지에는 보석을 박아서 값어치를 더했고 내지에도 장식적인 글자와 함께 다채로운 그림과 문양으로 화려하게 장식했지요.

평범한 사람들은 절대 접근할 수 없었던 고귀한 존재인 책. 단언컨대 그때는 책 속의 내용이 궁금해서 읽으려는 사람은 없었겠지요.

인쇄 혁명으로 책의 용도가 바뀌다

그러던 어느 날, 인류의 역사에 엄청난 사건이 벌어집니다. 1440년, 독일의 요하네스 구텐베르크Johannes Gutenberg가 서양에서는 최초로 활판인쇄술을 발명한 것입니다. 게다가 유럽인들도 아시아 국가와의 교류를 통해 종이를 제조하는 기술을 익히게 되지요. 종이는 양피지에 비하면 아주 저렴한 재료였습니다. 한 글자 한 글자 양피지에 손수 적어서 책을 만드는 일은 이제 옛날

이야기가 되었습니다. 활판을 한 번 만들기만 하면 백 번이고 천 번이고 손쉽게 책을 찍어낼 수 있게 되었으니까요.

구텐베르크가 처음 초판 180부를 인쇄한 것으로 알려진 두 권의 성경책은 당시에 30굴덴이라는 가격에 거래되었다고 합니다. 상당히 비싼 가격이었지만, 필사한 성경이 100굴덴이 넘는 거액이었으니 책값이 엄청나게 떨어진 셈이지요.

인쇄 기술은 점차 흔해졌고, 그만큼 책값도 더욱 떨어졌습니다. 덕분에 그 옛날에 몇 백, 몇 천을 호가하던 책을 우리는 2만 원 정도의 가격으로 구매할 수 있게 되었지요. 이것은 인류에게 아주 중요한 사건이랍니다.

그때까지 책이라는 존재는 부와 권력을 상징하는 용도로 쓰였는데 이 순간부터는 지식을 전달하는 용도로 바뀌게 되었으니까요. 책의 내용도 다양해졌습니다. 내가 하고 싶은 이야기, 옛날이야기, 다른 나라의 재미있는 이야기……. 과거에는 구전으로만 전해지던 수많은 이야기가 책 속에 실리기 시작했습니다. 이러한 책의 형태는 오늘날까지 그대로 이어지고 있습니다. 인쇄 혁명이 현대 책의 원형을 만들어냈다고 볼 수 있겠지요.

우리가 살아가는 21세기, 즉 1400년대에서 지금까지 책의 형태는 크게 변한 것이 없습니다. 네모난 모양도 똑같고, 종이를 엮어서 좌우로 넘기며 보는 방식도 그대로지요. 글과 그림으로 세상의 모든 지식과 이야기를 담는 내용적 측면 역시 크게 달라진 것이 없습니다. 500여 년 동안 책은 그 모습 그대로 인류의 곁에 변함없이 존재했습니다.

이제 책은 그 수명을 다했을까?

그런데 오늘날 많은 분이 이러한 걱정을 하시는 것 같습니다. 이렇게 유구한 역사를 지닌 책이 이제 그 수명을 다한 것 같다고 말이지요. 정말 책의 운명은 여기까지일까요?

과학기술의 발전으로 하루가 다르게 더 많은 새로운 정보가 우리에게 전달됩니다. 이제 종이에 잉크로 인쇄하는 책이라는 고전적 방식 말고도 다양한 방법으로 정보를 얻을 수 있지요.

리모컨을 눌러서 스마트 TV를 켜는 순간 수많은 콘텐츠가 그야말로 홍수처럼 흘러넘치는 것을 확인할 수 있습니다. 인터넷에 접속만 해도 그보다 몇 배로 무수한 콘텐츠를 만날 수 있고요. 손가락을 까닥하는 순간 그 콘텐츠들이 우리 앞에 펼쳐집니다. 화려한 영상과 음악이 우리 오감을 사로잡는 거죠.

자, 여기서 중요한 차이점 하나가 눈에 띕니다. TV와 인터넷은 책과는 전혀 다른 방식으로 정보를 전달한다는 사실입니다. 텍스트가 아닌 '이미지' 혹은 '영상'이라는 형태로 말이지요.

디지털 시대의 아기와 스마트 기기

시대가 바뀌면서 아기들이 세상을 접하는 순서도 바뀌었습니다. 요즘 아기들은 실제 세상에 나가보기도 전에 책보다 훨씬 먼저 TV와 스마트 기기를 통해 세상을 만나고 있지 않나요? 그야말로 영상이 최우선인 시대입니다.

한동안 인터넷에서 떠돌던 유명한 '짤'이 하나 있었습니다. 어린 아기에게 태블릿 PC를 쥐여주니 마치 태어나면서부터 함께 있었던 친구인 듯 그것을 재미있게 가지고 노는 영상입니다. 누가 가르쳐주지도 않는데 혼자서 손가락을 벌려가며 화면을 확대하고, 터치가 필요한 부분에서는 능숙하게 터치도 하더라고요.

이제 막 갓난아기 티를 벗었을 뿐인데 아이는 웬만한 어른 못지않게 디지털 기기를 다루며 자유자재로 페이지를 넘깁니다. 그런데 아이에게 태블릿 PC 대신 책을 주니까 몇 번 두드려보더니 반응이 없자 곧 싫증을 내며 던져버리더군요.

신기하게도 태블릿 PC 사용법은 알려주지 않아도 터득이 가능하지만, 책은 그렇지 않은가 봅니다. 글자를 읽고 내용을 이해하며 재미를 발견하는 경험은 훈련이 없으면 익히기 어려운 게 아닐까요? 참 이상한 일이죠. 같은 내용의 정보라도 책을 읽는 것보다 영상으로 접하는 것이 훨씬 쉽게 느껴지니 말입니다. 이는 어른도 마찬가지가 아니던가요? 유튜브를 보노라면 시간이 어떻게 지나가는지 모르겠는데 책만 읽으려고 하면 왜 이렇게 피곤한지요.

도대체 왜 그런 걸까요? 영상을 제작하는 사람들이 뭔가 재미있어지는 마법이라도 부린 걸까요?

글자를 읽고 이해하여 해석한다는 것

이제 뇌과학자가 등장할 시간이 되었군요. 정답을 말하자면 이 모든 것은 '뇌' 때문입니다. 영상의 재미와는 상관이 없습니다. 인간의 뇌 자체가 글보다 영상을 더 선호하도록 프로그래밍되어 있거든요.

영상 정보를 처리하는 것은 뇌가 태어나면서부터 저절로 할 수 있는, 그래서 따로 배울 필요가 없는 본능적 능력이지만, 글자를 읽고 해석하는 것은 그렇지 않습니다. 그게 참, 절대 저절로 되는 일이 아니더라고요. 여러분도 익숙하지 않은 문자를 사용하는 외국을 여행한 경험이 한 번쯤 있으실 겁니다. 그 나라의 언어를 배우지 않은 상태에서는 거리의 간판을 읽을 수 없고, 책의 내용도 당연히 이해할 수 없습니다.

글을 배운다는 것, 책을 읽는다는 것은 뇌에게는 끔찍할 정도로 어려운 일이랍니다. 그런데 우리는 습관처럼 자녀들에게 "TV, 유튜브는 그만 보고 책 좀 읽어!"라고 잔소리를 합니다. 그뿐인가요? 공부에는 때가 있다거나 어릴 때 공부 버릇은 평생 간다고도 훈계하곤 하지요. 아마 이 책을 읽고 계신 부모님들도 어린 시절에 많이 들었을 잔소리일 겁니다. 정말로 어린 시절에 책을 읽고 공부하는 것은 평생을 좌우할 정도로 중요한 일일까요? 뇌가 피곤해하는 일을 부모님들은 왜 아이에게 시키려고 할까요? 혹시 어른들이 하신 말씀에 과학적인 근거가 있는 것은 아닐까요?

먼저 뇌에 대해 본격적으로 한번 이야기해볼까 합니다.

제가 오랜 시간 뇌를 연구하고 있지만, 공부하면 할수록 알쏭달쏭 어려운 것이 이 뇌라는 녀석입니다. 뇌는 우리의 생각과 행동, 이상과 윤리, 습관과 관념, 운동과 의식, 선호도와 취향까지 모든 것을 지배하고 결정합니다.

상대성 이론을 발표한 알베르트 아인슈타인Albert Einstein의 천재적인 연구도, 수많은 유대인을 죽음으로 내몬 아돌프 히틀러

Adolf Hitler의 악마 같은 결정도, 김연아 선수의 아름다운 피겨스케이팅 동작도 모두 뇌의 작동으로 만들어진 결과물입니다.

그런가 하면 파킨슨병에 걸린 환자는 자기 몸을 스스로 제어하지 못합니다. 앞으로 나아가고 싶어도 두 발은 제자리에서 동동 구를 뿐이죠. 파킨슨병은 다른 곳이 아닌 뇌에 생긴 이상 질환입니다. 뇌의 아주 작은 영역 한 군데가 고장 났을 뿐인데 우리 몸 전체의 운동 능력을 떨어뜨리다니, 뇌라는 기관이 하는 일이 참 신기하고 대단한 것 같습니다.

인간을 인간답게 만들고, 나를 나답게 만드는 뇌.
인간이 보고 듣고 느끼고 생각하고 행동하는 모든 것을 결정하는 뇌.
그렇다면 이 같은 인간의 뇌는 도대체 어떻게 만들어져서 어떤 방식으로 진화했을까요?

차례

2장   아이의 뇌는 어떻게 학습할까?

1장

아이의 뇌는
완전하지 않다

아이의 뇌는 완성되지 않은 상태로 태어납니다. 미완성
인 신생아의 뇌는 '결정적 시기'에 신경세포들의 중요한
연결 고리를 거의 완성합니다. 결정적 시기가 끝나지 않
은 아이에게 공부는 뇌를 만드는 과정이지요.

뇌는
진화하지 않았다

호모사피엔스의 뇌로 살아가야 하는 현대인

호모사피엔스는 약 30만 년 전에 지구상에 처음 등장했습니다. 그때도 그들의 머릿속에는 작고 꼬불꼬불한 뇌가 들어 있었겠지요.

음식을 찾고, 사냥을 하고, 천적을 피하는 등 인간의 뇌는 구석기시대의 문제들을 해결하기 위한 수많은 기술을 개발했을 것입니다. 뇌 안에는 사물을 알아보는 영역, 소리를 듣는 영역, 균형을 잡으며 걷는 영역이 골고루 개발되었습니다.

그런데 뇌과학자들이 발견한 충격적 사실이 하나 있습니다. 그때 이후로 뇌가 딱히 진화하지 않았다는 거예요. 정말입니다. 인간 사회는 빠르게 발전하고 변화했지만, 뇌의 능력은 30만 년 전에서 크게 벗어나지 못했죠. 대단한 미스터리가 아닙니까?

그러다 보니 현대인의 뇌 구조도 원시시대의 문제를 해결하는 데에 최적화되어 있습니다. 뇌를 아무리 연구해봐도 글을 읽거나 공부를 하거나 사업과 연구를 하는 영역은 없습니다. 보고 듣고 걷는 것은 본능이지만, 공부하고 일하는 것은 본능이 아니라는 이야기예요. 그러니 아이가 공부를 어려워하는 것은 당연해요.

뇌가 하는 가장 중요한 일

게다가 뇌는 아주 특이한 곳에 있습니다. 바로 우리 머릿속이지요. 뇌가 머리 안에 있는 게 당연하지 무슨 소리냐고요?

여러분, 한번 생각해보세요. 두개골이라는 어두컴컴한 감옥 안에 평생 갇혀 있는 뇌를요. 뇌가 자유롭게 두개골을 벗어날 수만 있다면 세상만사를 직접 보고 듣고 느낄 텐데 말이지요. 그러나 그런 일은 절대 일어나지 않을 겁니다.

그러다 보니 우리 뇌는 눈과 코와 귀를 통해 전달되는 정보만 가지고 세상이 어떻게 생겼는지 상상할 수밖에 없습니다. 그 정보가 맞는지 틀리는지는 알 수도 없는데요. 그렇습니다, 뇌가 하는 가장 중요한 일은 바로 세상을 상상하는 것입니다.

만약 우리의 눈, 코, 귀가 완벽하다면 이 책은 여기까지입니다.

그런데 눈에 보이고, 코로 냄새 맡아지고, 귀에 들리는 그대로가 세상의 진짜 모습이라면 좋겠지만, 그렇지 않은 경우도 많아요. 인간의 감각기관에는 생각보다 문제가 많고, 그대로 믿으면 잘못된 판단을 하게 됩니다.

진화 과정에서 잘못된 판단은 곧 죽음을 의미해요. 그래서일까요, 우리 뇌는 감각기관이 전달하는 정보를 곧이곧대로 믿지 않습니다. 거짓말을 잘하는 친구의 말을 우리는 100퍼센트 믿지 않는 것처럼요. 그러나 정황을 판단하기 위해 일부분을 참고할 때도 있습니다. 필요하면 또 다른 친구들의 말도 들어보지요. 여러 사람의 이야기와 그때의 상황을 종합한다면 완전하지는 않아도 당시에 어떤 일이 있었는지는 비슷하게 상상할 수 있지요. 뇌가 하는 일도 바로 이와 같습니다.

뇌는
세상을 상상한다

눈은 보지만 뇌는 해석한다

감각기관 중에서도 특히 시각기관에는 문제가 좀 많습니다. 그래서 우리가 눈으로 무언가를 보면 뇌도 바쁘게 일하지요. 재미있는 착시 테스트를 몇 가지 해볼까요.

다음 페이지에 있는 첫 번째 착시 그림의 가운데 십자가만 집중해서 보세요. 10초 정도 집중하다 보면 어느 순간 배경이 뿌옇게 흐려지는 것을 느낄 수 있을 겁니다. 또 두 번째 착시 그림을 보고 있으면 원들이 빙글빙글 돌아갑니다. 원 하나를 골라 그 원

착시1 검은 십자가를 제외한 배경이 흐려지는 착시

의 중심에 집중해보세요. 그 원만 움직이지 않을 겁니다.

이러한 착시는 차이 값을 계산하고자 하는 뇌의 습관 때문에 일어나는 현상입니다. 뇌는 우리 눈에 처음 들어온 장면과 그다음 장면 사이에 어떤 차이가 있는지 비교해서 정보로 받아들이려는 특성이 있거든요.

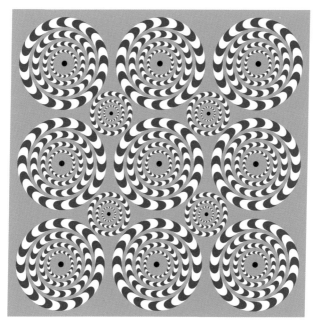

착시2　회전하는 원들

　일반적인 상황에서 망막은 눈앞에 흔들리며 변화하는 모든 피사체의 정보를 뇌에 보냅니다. 그런데 첫 번째 착시 그림을 보면서 망막이 십자가에 집중하다 보니 계속 똑같은 배경만 들어오네요. 뇌는 망막으로부터 조금 전에 받은 정보와 그다음에 받은 정보의 차이 값을 찾으려고 애를 씁니다. 그런데 아무리 비교해봐도 차이 값이 0이에요. 한참 고민하던 뇌는 이렇게 판단을 내려버립니다.

"뭐야, 아무것도 없잖아!"

뇌가 배경이라는 정보를 지워버린 순간, 조금 전 우리 눈에 보이던 배경도 하얗게 흐려집니다. 중요하지 않은 정보는 지운다! 우리 뇌가 가진 중요한 특성입니다.

물론 이러한 착시 현상은 아주 잠시 동안 벌어지는 해프닝입니다. '어, 이상하다?'라고 생각하는 순간에 다시 배경이 선명하게 보일 것이고, 배경이 부옇게 흐려지기는 해도 완전히 지워지지는 않아요. 아무리 십자가를 집중해서 보아도, 우리 눈은 도약 안구 운동으로 인해 미세하게 흔들리기 때문이랍니다.

다시 두 번째 착시 그림을 볼까요? 분명히 종이에 인쇄된 그림인데 마치 동영상처럼 빙글빙글 돌아갑니다. 망막은 분명히 '정지된 그림'이라고 신호를 보냈을 거예요. 이 움직이지 않는 그림역시 1초 전과 1초 후가 다르지 않은데도 뇌는 이번에는 자기 마음대로 차이 값이 있다고 판단했네요. 아마 이렇게 판단한 모양입니다.

"어휴, 감각기관은 믿을 수 없다니까. 이렇게 생긴 패턴은 대부분 움직이거든. 눈이 잘못 본 게 틀림없어."

감각기관이 보내주는 정보를 신뢰하지 않는 뇌, 정말 제멋대로네요. 이것도 기억하세요. 뇌는 정보를 수정하고 보완한다는 사실을요.

상상력, 보이지 않는 것을 보는 능력

호모사피엔스에게는 아주 신비한 능력이 있습니다. 바로 '보이지 않는 것을 보는 능력'입니다. 그래서 눈앞에 있지도 않은 그림을 상상력으로 메우기도 합니다. 다른 동물들보다 아마 뛰어난 그 능력, 우리는 그 능력을 '상상력'이라고 부릅니다.

과거에 대한 후회나 벌어지지도 않은 일에 대한 두려움도 모두 이 상상력으로 인해 발생하는 인간만의 감정이지요.

착시3 　존재하지 않는 역삼각형

자, 그림들을 한번 볼까요. 우리 뇌는 이렇게 상상력을 발휘합니다.

세 번째 착시 그림에서는 실제 존재하지 않는 역삼각형을 그려냈습니다. 네 번째 착시 그림에서는 두 노란색 원의 크기를 다르게 인식했어요. 자로 재어보면 두 원의 크기는 분명히 같은데 말이지요.

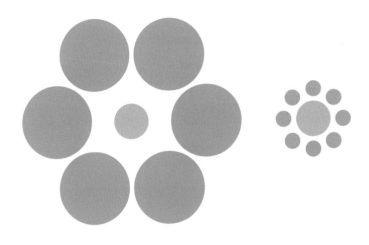

착시4 분명 같지만 달라 보이는 두 원의 크기

두개골 속에 갇힌 뇌는 사실 세상을 모릅니다. 잘 모르는 세상을 판단해야 하고, 그러다 보니 열심히 비교하고 추측하지요. 팩맨 모양의 도형과 구부러진 선이라는 정보만 가지고 존재하지도 않는 역삼각형을 만들어버리고, 원들의 차이 값을 계산하여 막연하게 '더 크다' 혹은 '더 작다'라고 결정을 내려버립니다. 실은 편견일 수도 있고 잘못된 판단일 수도 있어요.

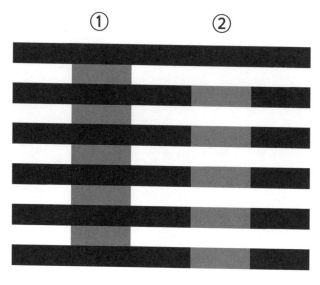

착시5 화이트 착시

그러나 뇌는 이미 결론을 내렸습니다.

그리고 우리 눈에도 그렇게 보이도록 만들지요.

이번에는 다른 예시를 살펴볼까요? '화이트 착시'라는 이름으로 많이 알려진 현상입니다. 조금 싱겁지만, 결론부터 말하자면 다섯 번째 착시 그림 속 ①과 ②의 회색 막대는 동일한 색상이랍니다. 그러나 검은 줄무늬 위에 그려진 ②가 더 밝아 보이지요?

재미있는 사실은 정답을 알고 보아도 여전히 ①은 어두운 회색으로, ②는 밝은 회색으로 다르게 보인다는 점입니다.

우리는 착시라는 사실을 알고 있는데도 다시 착각에 빠져듭니다. 몇 번을 다시 고쳐 보아도 착시 그림들에서 존재하지 않는 역삼각형이 보이고, 노란색 원의 크기는 다르게 보이며, 회색 막대의 명도 차이도 뚜렷하게 느껴집니다.

거참, 뇌는 얼마나 고약한지요. 이래서야 우리 눈에 보이는 세상 모든 것, 심지어 나의 얼굴, 가족의 얼굴, 친구의 얼굴까지 실제 그대로의 모습이라고 믿을 수가 있겠습니까? 실제로 뇌과학자들은 우리 인간이 보고 느끼고 생각하는 모든 것, 판단과 기억, 인식과 감정까지 착시라고 생각합니다. 그것이 뇌의 특성이기 때문이지요.

우리 감각기관이 전달해준 모든 정보를 해석하고 판단하여 때로는 상상력으로 존재하지 않는 것까지 덧붙입니다. 그게 바로 우리 뇌입니다.

내 것

착시6 이 컵은 얼마일까?

마지막으로 위와 같은 컵을 한번 볼까요. 이 컵은 얼마일까요?
아무것도 그려지지 않은 단순한 컵 하나를 사람들에게 보여주고
가격을 결정하라고 하면 대부분 2000원 정도로 값을 매긴다고
합니다.

그런데 이 컵을 내 컵이라고 상상해보세요. 자, 이 컵은 얼마일
까요? '내 것'이라고 상상하는 순간 사람들의 마음속 컵 값은 평
균 30퍼센트를 덧붙인 2600원 정도로 올라간다고 하네요. 실제
로 내 것이 아니라 그저 내 것이라고 상상했을 뿐인데요. 똑같은

물건인데 내 것이라고 인식하는 순간 그 가치를 높게 생각한다니, 뇌의 판단은 정말 믿기 어렵습니다.

우리가 알고 있는 세상의 상당 부분은 뇌가 만들어낸 것입니다. 우리를 둘러싸고 있는 외부의 세상은 분명히 존재합니다. 그러나 그 세상의 정확한 모습은 알기 어렵다고 해도 과언이 아닐 거예요. 눈, 코, 귀 같은 우리의 감각기관이 가져오는 정보를 기반으로 뇌는 교육을 통해 얻은 지식, 환경과 경험을 통해 얻은 지식, 진화를 통해 얻은 지식, 그리고 이미 가지고 태어난 구조를 통해 벌써 알고 있는 지식과 종합해서 결론을 내려버립니다. 그런 다음 자기 결론에 어울리도록 세상을 상상해내지요.

그렇습니다. 뇌는 감각기관이 보고 듣고 느낀 세상을 상상하고 해석합니다. 그 일이 일어나는 시작점이 뇌라면 우리가 뇌의 구조에 대해 잘 알아봐야 하지 않을까요? 도대체 뇌는 어떤 구조를 가졌기에 이 같은 일을 해내는 걸까요?

뇌는
끊임없이 변화한다

컴퓨터보다 복잡한 뇌

사람들은 흔히들 우리 뇌를 컴퓨터와 비교합니다. 뇌처럼 컴퓨터도 계산하고 판단하고 결론을 내리니까요. 그런데 뇌와 컴퓨터가 결정적으로 다른 점이 하나 있다면 인간의 뇌는 '변화'한다는 것입니다.

컴퓨터는 처음 설계된 대로 망가질 때까지 작동하지만, 인간의 뇌는 태어나서 죽을 때까지 계속 엄청나게 변화합니다. 성장하기도 하고 퇴화하기도 하며, 새로운 정보가 저장되기도 하고 기존

에 있던 정보가 삭제되거나
흐릿해지기도 합니다.

　뇌 구조를 보면 이해가 가
실 겁니다. 학창 시절 과학 시
간에 배운 기억이 얼핏 나시
지요?

　뇌를 이루는 기본단위를
'신경세포'라고 합니다. 뇌 안
에는 끝이 뾰족뾰족한 나무
처럼 생긴 약 1천억 개의 신
경세포가 존재합니다. 이 세
포들은 다른 신체를 구성하는
세포와 비슷합니다. 그러나
다른 세포와 구별되는 한 가
지 중요한 특징은 정보를 전
달하는 데 매우 뛰어난 능력
을 갖고 있다는 것입니다.

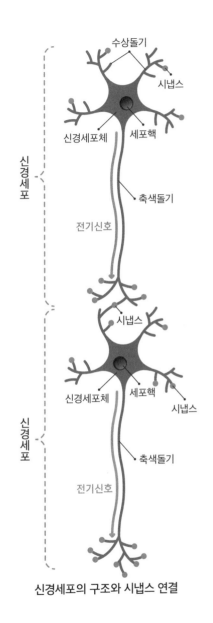

신경세포의 구조와 시냅스 연결

신경세포는 수상돌기를 통해 다른 신경세포로부터 정보를 받아들입니다. 그 정보는 다시 긴 꼬리 모양의 축색돌기로 내려가 다른 신경세포 혹은 다른 기관으로 전송되지요. 한 신경세포의 축색돌기와 다른 신경세포의 수상돌기가 만나는 지점을 '시냅스'라고 합니다. 무수한 신경세포들은 각각 1천 개에서 1만 개 정도의 다른 신경세포들과 연결되어 있는데, 이는 수상돌기의 나무들이 약 100조 개의 시냅스를 덮고 있는 것과 같은 형상입니다.

뇌세포 수만 해도 1천억여 개에 이르는데 각각의 세포들이 다른 세포들과 연결된 조합의 수까지 따지면 100조 개에 달합니다. 정말 상상하기도 어려울 정도로 복잡한 회로망이죠. 컴퓨터와는 비교도 할 수 없습니다.

아이의 미완성 뇌

이렇게 수많은 연결 고리를 모두 갖고 태어나도록 설계하는 건 절대 불가능합니다. 다른 유전정보를 모조리 빼고 시냅스의 연결 정보만 채워도 DNA가 부족할 테니까요.

과학자들은 뇌가 어떻게 성장하고 발달하는지 밝혀냈습니다. 사람의 뇌는 신경세포와 신경세포 사이에 최소한의 연결 고리만 가지고 태어납니다. 나머지 연결 고리들은 살면서 차차 채워나가는 거고요.

신경세포 간의 연결 고리를 대한민국 도로망과 비교해볼까요? 서울에서 부산까지 가는 크고 굵직한 고속도로는 태어날 때부터 만들어져 있습니다. 그러나 두 도시의 시내 곳곳을 그물처럼 연결하는 도로들과 우리 집 앞까지 굽이굽이 이어진 골목길들은 촘촘하게 완성되지 않았지요. 그런 작은 길들은 태어난 이후에 만들어집니다.

이처럼 아이의 뇌는 완성되지 않은 상태로 태어납니다. 미완성인 신생아의 뇌는 아이가 자라나면서 활발하게 발달하지요. 신경세포의 수 자체가 눈에 띄게 늘어나지는 않습니다. 대신 신경세포들의 연결이 점점 촘촘해지지요.

우리가 보고 듣고 기억하는 인지 기능은 모두 신경세포들의 연결에 좌우됩니다. 다시 말해 시냅스가 얼마나 촘촘하게 연결되어 있느냐에 따라 아이가 감지하고 인지하여 판단할 수 있는 세계가 달라지는 것이지요. 그런데 이토록 중요한 연결 고리가 만들어지는 데에도 중요한 '시기'가 있다고 합니다.

평생의 뇌를 좌우하는
결정적 시기

결정적 시기에 일어나는 일

그렇다면 아이의 뇌는 어떤 방법으로 완성될까요? 과학자들은 어떤 특별한 시기에 신경세포들의 중요한 연결 고리가 거의 완성된다는 것을 밝혀냈습니다. 그리고 그 시기에 '결정적 시기'라는 이름을 붙였습니다.

'결정적 시기'라는 것은 사람에게만 있는 것은 아닙니다. 대다수 포유류, 특히 영장류도 이 결정적 시기를 거친다고 알려져 있습니다. 또 결정적 시기는 동물마다 다릅니다. 오리는 태어나서 몇 시간 안에 뇌의 많은 부분이 완성되고, 고양이는 4주에서 8주 정도 걸린다고 합니다. 원숭이는 1년, 사람은 생후 10년에서 12년까지가 결정적 시기에 해당하지요. 대체로 고등동물일수록 결정적 시기가 더 긴 것으로 알려져 있습니다.

'결정적 시기'의 존재를 밝혀낸 사람은 오스트리아 동물행동학자인 콘라트 로렌츠Konrad Lorenz입니다. 부유한 정형외과 의사의 아들이었던 로렌츠는 어려서부터 넓은 정원이 딸린 대저택에서 살았습니다.

그의 정원에는 거위를 비롯한 동물이 많았지요. 로렌츠는 새끼 거위들이 알에서 깨어나자마자 어미를 졸졸 따라다니는 모습을 유심히 관찰하곤 했습니다.

"갓 태어난 거위는 어떻게 어미를 알아보는 거지? 어미를 따라다녀야 한다는 것은 저절로 알게 된 걸까?"

어느 날 호기심이 발동한 로렌츠는 새끼 거위들이 알에서 깨어나기 직전에 어미 거위를 다른 곳에 숨겨두고는, 자신이 대신 노란색 장화를 신고 부화하는 알 앞에 서 있었습니다. 세상에 태어난 새끼 거위들이 가장 먼저 보게 된 것은 무엇이었을까요? 그렇습니다, 노란색 장화를 신은 로렌츠였습니다.

그 후 신기한 일이 벌어졌습니다. 그 순간부터 새끼 거위들은 어미 거위는 안중에도 없이 노란색 장화만 보면 졸졸 따라다닌 것입니다. 신고 있던 장화를 빨간색이나 흰색으로 바꾸어 실험을 해도 결과는 마찬가지였습니다. 갓 태어난 거위들은 처음 눈앞에 보이는 움직이는 물체를 어미로 인식하고 따라다니도록 본능적으로 코딩이 되어 있었던 것이지요.

또한 갓 태어난 새끼 고양이에게 결정적 시기 동안 특정 각도로만 보도록 제한하면 다 자란 후에도 다른 각도에서 보이는 시야에 대해서는 반응하지 않는다고 합니다.

아름다운 소리로 지저귀는 새도 마찬가지입니다. 결정적 시기에 무리와 떨어져 지낸 새끼 새는 다 성장한 후에 아무리 훈련을 해도 자기 종의 특별한 새소리로 의사소통할 수 없게 됩니다.

미완성 뇌가 세상에 적응해가는 과정

인간의 결정적 시기는 통상적으로 생후 첫 10~12년 정도라고 알려져 있습니다. 물론 그 이후에도 학습은 가능하지만 새로운 뇌 구조가 만들어지지는 않는다는 게 과학자들의 주장입니다.

그런데 0세부터 10~12세까지라는 기간은 사실 정확하지는 않습니다. 뇌의 변화에 대해 정확하게 알아보려면 다양한 실험이 필요한데 인간으로 실험을 한다면 윤리적인 문제가 발생하기 때문이지요. 단지 아이가 언어를 익히는 과정, 특히 아이가 모국어 아닌 외국어도 완벽하게 배울 수 있는 시기를 통해 경험적으로 짐작하는 것이랍니다.

사실 사람을 대상으로 실험한 역사가 아예 없었던 건 아닙니다. 신성로마제국 황제인 프리드리히 2세는 아주 호기심이 많은 사람이었습니다. 오늘날 살아 있었다면 과학자가 되었을 사람인데 13세기에 황제로 태어난 것입니다. 다행히 부와 권력을 모두 갖고 있었으므로 궁금한 건 모조리 알아볼 수 있었겠지요.

프리드리히 2세는 인간이 언어를 배우는 과정이 궁금했습니다. 그는 세상에 많은 언어가 있지만, 하느님이 사용하는 천상의 언어는 따로 존재할 것이라고 생각했습니다. 그 언어는 학습을 통하지 않고 본능적으로 알 수 있다고 믿었고요. 그래서 인간의 언어를 모두 배제한 상태에서 아이를 키운다면 하느님의 언어를 구사할 수 있을 거라는 결론에 이르렀지요. 그도 어쩔 수 없는 중세 사람이었던 셈입니다.

당연히 말도 안 되는 가설이었지만, 프리드리히 2세는 아무튼 황제였기에 서슴지 않고 사람도 실험했습니다. 그는 갓 태어난 농부의 아기를 동굴에서 외따로 키웠습니다. 생명을 이어갈 수 있도록 음식과 물만 주고, 누구와도 이야기는 나누지 못하도록요. 아이는 정말로 하느님의 언어를 구사했을까요? 그렇지 않습니다. 결정적 시기에 말하는 법을 배우지 못한 아이는 평생 어떤 언어도 배울 수 없게 되었습니다.

모글리나 타잔처럼 정글에서 동물이 키운 아이 이야기를 들어 보신 적 있을 것입니다. 과거에는 실제로도 그런 일들이 꽤 있었지요. 훗날 사람들에게 발견되어 인간 세상으로 돌아왔는데도 그 아이들은 죽을 때까지 인간의 언어를 말하거나 이해하지 못했다고 합니다. 언어를 담당하는 연결 고리들이 점점 약해져 결국 사라지고 말았으니까요. 대신 그들은 후각이나 청각이 다른 사람에 비해 훨씬 뛰어났다고 하네요.

우리 뇌는 아주 경제적입니다. 에너지를 최대한 아낄 수 있는 방법으로 성장해나갑니다. 그래서 '결정적 시기'라는 특정 기간을 만든 것이 아닐까요. 자기 몸의 주인이 자주 사용하는 정보와 지식은 더 많이 효율적으로 활용할 수 있도록 그 연결 고리들을 두껍고 강하게 만듭니다. 대신 자주 사용하지 않는 연결 고리들은 빠르게 없애버리지요. 주인에게 불필요하다고 판단하는 겁니다. 결정적 시기는 우리가 살고 있는 세상에 잘 적응하도록 뇌가 완성되는 과정이라고 볼 수 있겠네요.

공부에는 때가 있다?

그렇다면 "공부에는 때가 있다"라는 어른들의 말씀도 어느 정도는 뇌과학에 바탕을 둔 말일지도 모릅니다. 여러분도 어릴 적에 "머리가 말랑말랑할 때 공부해야 쏙쏙 잘 들어간다"라는 잔소리를 많이 들어보셨을 겁니다. 이미 완성되어 있는 어른의 뇌와, 아직 완성되지 않은 어린이의 뇌는 실제로도 엄청난 차이가 있거든요.

결정적 시기가 끝나지 않은 어린이에게 공부는 뇌를 만드는 과정입니다. 책을 읽고 문제집을 푸는 행위만 공부가 아닙니다. 아이가 보고 듣고 느끼고 경험하는 모든 것이 바로 공부입니다. 이 공부를 통해 신경세포를 연결하는 시냅스가 만들어집니다.

아이의 뇌는 마치 딱딱하게 굳기 전의 찰흙과 같아서 모든 학습이 뇌 자체의 구조를 만들어갑니다. 무언가를 배우면 항상 신경세포들이 새롭게 연결되는 것은 물론이고 기존 연결은 더욱 강력해지죠.

여기서 꼭 기억해야 할 점이 있습니다. 결정적 시기에 자주 사용하는 시냅스는 두꺼워지는 반면, 사용하지 않는 시냅스는 얇아지다가 아예 지워져버린다는 사실 말이에요.

그런데 결정적 시기가 지난 어른의 뇌는 새로운 내용을 배워야 할 때도 (결정적 시기 동안에 이미 만들어져) 기본적으로 형성되어 있는 신경세포들의 연결을 이용할 수밖에 없습니다. 어린이처럼 새로운 내용을 학습하는 데 효율적인 새로운 연결을 유연하게 만들어내지 못하거든요.

외국어 학습을 예로 들어볼까요? 결정적 시기를 스웨덴에서 보낸 한국 아이가 있다고 합시다. 학교에서 생활하고 친구들과 노는 동안 그 아이는 스웨덴 사람 못지않게 스웨덴어를 완벽히 구사하게 됩니다. 러시아 아이가 그 시기에 한국에서 생활해도 마찬가지예요. 러시아 아이는 엄청난 한국어 실력을 자랑하게 될 것입니다.

그런데 어른의 경우는 쉽지 않지요. 30~40대 성인이 외국 생활을 하며 열심히 공부한다고 합시다. 과연 아이만큼 쉽고 완벽하게 외국어를 구사할 수 있을까요? 물론 결정적 시기 이후에도 집중적이고 반복적인 공부를 한다면 좋은 결과를 얻을 수 있겠지만, 아이의 배움과는 비교가 안 됩니다.

외국어는 12세 이전에 배워야 유창해진다

유창하게 외국어를 구사하는 사람을 보면 참 부럽지요. 우리 아이도 외국어를 자유자재로 구사하기를 바라는 욕심에 갓난아이 때부터 영어 동요나 영어 동화를 틀어주고 영어 유치원이나 회화 학원에 보내는 등 외국어 교육에 많은 시간과 돈을 투자합니다.

사실 언어는 다른 동물한테서는 찾을 수 없는 인간만이 가진 고유의 능력이며, 인간은 선천적으로 언어 습득 능력을 가지고 태어납니다. 또 지구상에 존재하는 모든 언어를 배울 수 있도록 프로그래밍이 되어 있고요.

다만 어떤 언어를 어느 기간 동안 경험하느냐에 따라 아이의 언어 구사력이 다르게 펼쳐질 뿐입니다. 즉 뇌가 완성되는 결정적 시기는 외국어 교육의 결정적 시기이기도 합니다. 뇌과학자의 관점에서 효과적인 외국어 학습법을 잠깐 소개하고자 합니다.

● 외국어 교육의 결정적 시기를 놓치지 마세요!

인간의 언어 습득 과정은 출생과 함께 시작됩니다. 생후 몇 개월도 지나지 않아 아이의 뇌에는 언어의 보편문법을 표현하는 시냅스가 발달하기 시작하지요.

아이들은 10~15개월이 지나면 자신과 관련 있는 주변 사물들의 이름을 말하다가, 15~18개월 즈음에는 두 단어를 연결하여 자기 욕구를 표현하면서 최소한의 의사소통을 하기 위한 문장을 만들기 시작합니다. 아이들은 놀라울 정도로 쉽고 빠르게 새로운 단어들을 습득합니다. 인간의 결정적 시기로 알려져 있는 10~12세까지 언어 능력을 위한 시냅스가 활발하게 생성되지요.

이 기간에 아이가 한국어를 경험하면 한국어를, 영어를 경험하면 영어를, 스페인어를 경험하면 스페인어를 모국어에 가까운 수준으로 능숙하게 구사할 수 있습니다. 다만 이때 외국어를 능동적으로 배우기 시작했다면 결정적 시기가 끝날 때까지 유지하는 것이 중요합니다. 두 언어를 배웠어도 이 시기가 끝나기 전에 외국어 학습을 그만두고 사용하지 않으면 그 외국어를 위한 시냅스가 점점 약해지다가 다른 시냅스에 점령당해 사라질 수 있거든요.

● 두 개 이상의 언어를 동시에 가르치세요!

어른이 되어 외국어를 공부하는 대부분의 사람들은 자꾸만 한국어를 기준으로 다른 언어를 이해하게 되는 어려움을 겪습니다. 외국어는 구조적으로도, 의미적으로도, 음성적으로도 한국어와 다른 부분이 많아서 한국어의 필터를 거치면 소위 '콩글리시'같이 어색한 표현이 나오게 됩니다.

그러나 결정적 시기 동안 외국어를 배운 아이의 뇌는 한국어를 담당하는 시냅스와 외국어를 담당하는 시냅스를 각각 발달시킵니다. 그래서 한국어를 사용할 때는 한국어 시냅스가, 외국어를 사용할 때는 외국어 시냅스가 활발하게 작용하도록 하지요. 이 얼마나 편리한가요?

물론 두 개 이상의 언어를 동시에 배울 때의 단점도 있습니다. 아이가 언어를 습득하는 데 걸리는 시간이 그만큼 더 필요한 것이지요. 두 개 이상의 언어를 동시에 배우는 아이의 경우, 다른 또래 아이들에 비해 언어 발달 속도가 느린 경향이 있다고 합니다. 하지만 이는 두 언어를 지속적으로 사용하면 해결할 수 있는 문제입니다.

● 억지로 가르치는 것은 아무 효과가 없어요!

그러나 일찍부터 아이에게 외국어를 교육한다고 해서 무조건 잘하게 되는 것은 아닙니다.

아이가 처음 말을 시작할 때를 생각해보세요. '장난감', '공룡', '자동차', '과자'처럼 아이가 관심 있어 하는 영역의 단어는 빠르게 받아들이지만, '회계원리'나 '실리콘 마감'처럼 아이와 아무 관련 없이 생뚱맞은 단어는 그냥 흘릴 뿐이지요.

마찬가지로 하루 종일 외국어를 들려준다고 해도 흥미를 갖지 못한 상태에서 아이에게 들리는 소리는 그저 소음일 뿐으로 오히려 역효과만 생깁니다. 아이가 즐거워하는 방법을 찾아서 능동적으로 외국어를 학습할 수 있도록 도와주세요. 애니메이션을 좋아한다면 외국어로 된 애니메이션을 틀어주고, 놀이를 좋아한다면 상대방과 함께하는 게임 등을 통해 참여적으로 외국어를 접하게 하면 효과적입니다.

이 시기의 아이들에게 가장 필요한 것은 재미와 흥미입니다. 문법적으로 틀리게 말하더라도 지적하지 말고 그냥 내버려두는 게 좋겠지요.

● 결정적 시기의 외국어 교육도 단계별로 다릅니다!

외국어 교육의 결정적 시기는 매우 일찍 시작되지만, 초기·중기·말기에 발달하는 영역이 다릅니다. 초기에는 음성과 의미를 연결하는 영역이 중점적으로 발달하고 중기에는 단어를 다양하게 습득하는 영역, 후기에는 복잡한 문장 구조를 형성하는 영역으로 차츰 옮겨 가거든요.

그래서 결정적 시기의 초기부터 아이가 외국어를 접하면 원어민처럼 자연스러운 외국어를 구사할 수 있지만, 말기에 외국어를 접하면 문법적으로는 정확하되 발음은 모국어의 영향을 받아 완벽할 수 없는 것입니다.

그러므로 유아기에는 여러 단어를 재미있게 익히면서 외국어의 정확한 음운이나 억양을 배우도록 도와주는 편이 좋습니다. 아이가 학령기로 접어들고 결정적 시기가 마무리되는 10~12세에는 좀 더 복잡한 문장을 배우면서 외국어 학습에 가속도를 붙이도록 지도하는 것을 추천합니다.

또한 성격, 판단력, 세상을 배우는 방식 등도 대부분 결정적 시기에 좌우됩니다. 만약 내 아이를 창의적인 사람으로 키우고 싶다면 어떻게 해야 할까요?

뇌과학은 우리에게 언제나 강조합니다. 결정적 시기에 꼭 해야 하는 것은 다양한 경험이라고요. 우리 뇌는 태어나자마자 여러 갈래의 길을 만들 준비를 합니다. 어느 방향으로 얼마나 많은 길을 넓게 낼지는 결정적 시기에 보고 듣고 경험한 것을 기반으로 정해집니다. 어린 시절에 많이 사용하는 길은 넓어지고, 그렇지 않은 길은 사라지겠지요. 이때 남들이 하지 못한 경험을 다채롭게 한다면 어떨까요? 아마 경험의 폭과 가짓수만큼 더 많은 길이 넓게 생겨날 것입니다.

그러나 반복적인 경험, 특히 다른 모든 사람이 하는 경험을 아이도 똑같이 한다면 아이의 머릿속에는 남들도 다 갖고 있는 길들만 남겨질 따름입니다. 아이의 생각도, 아이의 인생도 남들과 다를 바가 없어지죠. 결정적 시기에 아이가 다양하고도 특별한 경험을 한다면 다른 사람은 갈 수 없는 길을 아이는 갈 수 있다는 것을 의미합니다. 남들이 하지 못하는 발상을 해내고 다른 길을 걷는 사람을 우리는 흔히 '창의적인 사람'이라고 부릅니다.

결정적 시기에 대해 이야기하다 보면 공부에도 순서가 있다는 생각이 듭니다. 일반적으로 어린 시절부터 국어, 외국어(영어 포함), 수학, 과학을 비롯하여 역사, 사회, 도덕 등까지 모두 접하고 고학년이 되면서 점점 깊은 내용으로 심화시키지요. 그러나 결정적 시기에 특정 국사, 특정 종교, 특정 이념 등을 배우면 그때 굳어버린 고정관념에서 빠져나오기 어렵지 않을까 하는 우려가 듭니다.

결정적 시기에 배우기 좋은 과목은 어쩌면 보편적이고 변하지 않는 진리 쪽이 맞지 않을까요. 수학, 코딩, 외국어 같은 것들 말이지요. 역사나 이념이나 종교에 대해서는 훗날 결정적 시기가 지난 후에 교육한다면 아이에게 더 많은 선택권을 선물할 수 있을 것입니다.

비슷한 취지로 초등학교, 중학교 선생님들의 역할도 무척 중요하다는 생각이 듭니다. 대학에 다니는 제 학생들은 이미 결정적 시기를 다 마친 사람들입니다. 그래서 조금 틀린 내용을 알려줘도 스스로 책을 찾아가며 지식을 보완할 수 있지요. 그런데 어린 학생들의 경우에는 이야기가 다릅니다.

처음 학교에 다니며 여러 지식을 학습하는 초등학교, 지식의 깊이를 더하고 본격적으로 진로와 입시를 고민하는 중학교. 이 시기의 공부는 단순히 정보를 습득하는 정도가 아닙니다. 결정적 시기를 보내는 아이들이 자기 뇌를 만들어가는 과정입니다. 선생님의 잘못된 가르침은 아이들의 뇌에 치명적인 영향을 미칠 수도 있거든요.

아이들에 대한 책임감으로 따지면 대학교수에 비해 초등학교, 중학교 선생님들이 훨씬 중요하고, 따라서 월급도 더 많이 받으셔야 하는 건 아닐까요? 이 이야기를 자주 하는데 그럴 때마다 동료 교수들이 말리더군요. 솔직히 저 역시 대학교수의 월급이 많은 세상에 살아서 행운이라는 생각을 하고는 있습니다.

이것만은 꼭 기억하세요!

- 인간의 뇌세포 수는 1천억여 개, 각각의 세포들이 다른 세포들과 연결되는 시냅스 조합의 수는 100조 개에 달합니다.

- 아이의 뇌는 완성되지 않은 채 신경세포들 사이에 최소한의 연결 고리만 가지고 태어납니다.

- 무수한 나머지 연결 고리는 아이가 자라나면서 촘촘하게 이어집니다.

- 아이가 보고 듣고 기억하는 인지 기능은 모두 신경세포들의 시냅스 연결에 좌우됩니다.

- 이 같은 신경세포들의 중요한 연결 고리가 거의 완성되는 특별한 시기가 0~12세, 바로 '결정적 시기'입니다.

- 0~12세 아이에게 공부는 뇌를 만드는 과정으로, 아이가 보고 듣고 느끼고 경험하는 모든 것이 공부입니다.

2장

아이의 뇌는
어떻게 학습할까?

결정적 시기를 통해 기본 연결 고리가 만들어진 이후에
도 아이의 뇌는 계속 변화하면서 '학습'합니다. 학습이란
뇌가 새로운 정보를 받아들이고 시간이 흐른 이후에도
기억하는 과정을 말합니다. 이 학습을 위해서는 뇌 속 해
마가 아주 중요한 역할을 하지요. 해마에서 학습은 어떻
게 이루어질까요?

해마의
역할

해마를 도려낸 남자

결정적 시기를 통해 기본적인 연결 고리가 생성된 이후에도 아이의 뇌는 계속 변화합니다. 뇌가 새로운 정보를 받아들이고, 훈련을 통해 체화하며, 시간이 흐른 이후에도 기억하는 과정을 우리는 흔히 '학습'이라고 말합니다.

이 학습은 어떻게 이루어지는 걸까요? 다행히 과학자들은 1950년대에서 2000년대까지의 여러 경험을 통해 그 비밀을 조금은 밝혀냈습니다. 뇌 안에 '해마'라는 기관이 있다는 것과 바로

<u>그 기관이 학습에 관여한다는 사실을 말이지요.</u>

그 발견에 큰 도움을 준 사람이 있습니다. 본명인 헨리 몰레이 슨Henry Molaison보다는 H. M.이라는 약자로 더욱 유명한 사람이 죠. 그는 1950년대에 아주 잘생긴 젊은이였는데, 안타깝게도 뇌전증(간질)을 앓고 있었어요.

뇌전증은 사실 굉장히 심각한 병은 아닙니다. 뇌 속에 있는 신경세포들이 전기로 신호를 주고받다 보니 전자장치처럼 가끔 누전이 발생하기도 하거든요. 대부분은 유전적인 이유로 생기는데, 누전은 거의 같은 곳에서 일어나지요. 통상적으로 약물 치료로 해결하는데, 그 증상이 심각한 경우에는 약물도 잘 듣지 않아서 누전 부위를 도려내는 뇌 수술을 시행해야 할 때가 있습니다.

H. M.도 이 같은 상황이었습니다. 의료진은 그의 뇌 중에서 문제가 되는 부위를 제거하는 방식으로 수술을 진행하기로 했습니다. 그의 뇌 속에서 문제가 생긴 곳은 '해마'라는 영역이었습니다. 당시의 과학 지식으로는 해마가 어떤 역할을 하는지 밝혀지지 않은 상태였어요. 그래서 의료진은 별생각 없이 그의 해마를 도려

내는 데 성공했습니다.

H. M.은 2008년에 세상을 떠났으니 수술 이후에도 50여 년을 더 산 셈입니다. 그런데 그의 인생은 수술 전과는 완전히 달라졌어요. 해마를 제거한 이후부터 H. M.은 새로운 기억을 전혀 만들지 못했으니까요.

새로운 기억을 만드는 곳

수술 전 기억은 모두 생생하게 남아 있었습니다. 아주 오래전 어렸을 적 추억부터 수술 한 시간 전에 나누었던 대화들까지요. 그런데 그 이후의 일은 기억하지 못했지요. 매일 아침 병원에서 눈을 뜬 H. M.은 이렇게 물었습니다.

"내가 왜 병원에 있는 거요?"

이 질문이 50여 년 동안 이어졌으니 어느 순간부터는 거울을 볼 때마다 소스라치게 놀라는 일도 반복되었지요.

"아니, 내가 왜 할아버지가 되어 있는 거지?"

그때마다 달려온 의료진은 친절하게 모든 일을 설명해주었습니다.

"환자분, 죄송합니다. 50년 전에 우리가 실수로 당신의 해마를 도려냈습니다. 그때는 몰랐지만, 인간의 기억이 해마에서 만들어진다는 것을 알게 되었습니다. 정말 죄송합니다."

그때마다 H.M.은 눈물을 흘리며 고개를 끄덕였습니다. 어렵게 이 놀라운 불행을 받아들인 후 5분이 지나면 다시 이렇게 물었지만요.

"내가 왜 병원에 있지요? 그리고 어째서 할아버지가 되어 있는 겁니까?"

한 사나이의 안타까운 사연 덕분에 우리는 해마의 역할을 확실히 알게 되었습니다. 해마가 사라진 이후에도 그는 먼 과거의 일을 기억하고 있었으니 해마는 기억을 단순히 저장하는 곳은 아니겠지요. 해마는 새로운 기억을 만드는 일을 한다는 게 분명해졌습니다.

  그러면 또다시 궁금해집니다. 해마는 어떻게 기억을 만드는 것일까요?

연결이
곧 기억이다

결정적 시기 전후의 해마

일단 해마에 대해 좀 더 살펴볼까요? 대뇌피질에 파묻힌 채 붙어 있는 아주 작은 영역으로, 그 모양이 바닷물고기인 해마海馬와 비슷해서 해마라고 불립니다.

해마를 자세히 들여다보면 신경세포들이 그물처럼 마구 엉켜 있는 걸 확인할 수 있습니다. 아주 특별한 구조입니다(소뇌 역시 그물 같은 구조를 가지고 있습니다. 그 덕분에 운동신경은 대부분 소뇌를 통해 학습된다고 알려져 있습니다. 단, 정보나 기억 같은 지적 학습은 해마에

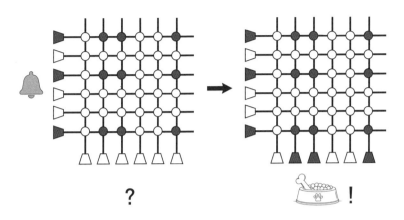

해마에서 일어나는 일

서만 이루어집니다). 그물들이 겹치는 부분이 바로 시냅스인데, 과학자들은 연구를 통해 이 시냅스가 살짝 두꺼워지기도 하고 얇아지기도 하는 것을 확인할 수 있었습니다. 이를 단순화하여 표현하면 위 그림과 같습니다.

이 그림에서 '검은 사다리꼴'은 뇌의 활동이 일어났음을, '흰 사다리꼴'은 뇌의 활동이 일어나지 않았음을 의미합니다. '직선'은 다른 신경세포들과 연결되려는 축색돌기를, '원'은 신경세포들을 서로 연결하는 시냅스('검은 원'은 효율성이 증가된 시냅스, '흰

원'은 효율성이 증가되지 않은 시냅스)를 의미합니다.

이 원들, 즉 시냅스들은 자주 연결되면 될수록 더 효율적으로 바뀝니다. 좁은 길에서는 한 사람만 겨우 지나갈 수 있지만, 길을 넓히면 더 많은 사람이 빠르게 지나갈 수 있는 것처럼 말이지요. 시냅스를 강화하면 더 많은 정보를 더 빠른 시간 안에 효과적으로 처리할 수 있어요.

앞서 말한 결정적 시기는 이 그림의 직선과 원들을 최대한 많이 만들어가는 시기입니다. 결정적 시기를 거치면서 직선과 원들이 새롭게 생성될 수도, 지워질 수도 있습니다. 결정적 시기가 지나면 그렇게 만들어진 연결 구조 자체는 거의 변화하지 않습니다. 대신 여러 상황을 만날 때마다 기존 연결 고리인 원, 즉 시냅스가 두꺼워지거나 얇아지는 방식으로 바뀌는 것이지요.

바로 이 시냅스를 통통하게 강화하는 것이 새로운 기억의 탄생이며, 이렇게 시냅스의 효율성이 증가하도록 의도적으로 훈련하는 것이 학습이고, 또 공부입니다.

두 가지 이상의 정보를 연결하라

러시아 생리학자인 이반 파블로프Ivan Pavlov의 '파블로프의 개'는 모두 잘 아시는 실험이지요? 개에게 먹이를 줄 때마다 종소리를 반복적으로 들려주니 나중에는 종소리만 들어도 개가 침을 흘린다는 유명한 이야기 말입니다.

여기서 개의 머릿속 해마에서 벌어지는 일이 바로 신경세포들의 연결입니다. 앞에서 본 그림처럼 '종소리' 정보와 '먹이' 정보, 이 두 가지 정보가 동시에 입력될 때 시냅스가 강화됩니다.

인간도 두 가지 이상의 정보를 연결하는 방식으로 새로운 배움을 터득해왔습니다. 새로운 사람을 만나 이야기를 나누면 얼굴 생김새 등의 시각 정보뿐만 아니라 목소리 등의 청각 정보도 동시에 입력되지요. 나중에는 그 사람의 목소리만 들어도 얼굴이 떠오르지 않나요?

기억이라는 것은 컴퓨터 하드웨어처럼 일정한 곳에 저장되어 있는 것이 아니라 뇌의 여러 부분에 퍼져 있습니다. 사실 그에 대

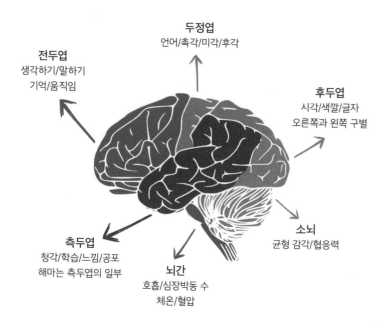

두정엽
언어/촉각/미각/후각

전두엽
생각하기/말하기
기억/움직임

후두엽
시각/색깔/글자
오른쪽과 왼쪽 구별

측두엽
청각/학습/느낌/공포
해마는 측두엽의 일부

뇌간
호흡/심장박동 수
체온/혈압

소뇌
균형 감각/협응력

뇌의 구조와 기능

해서는 아무도 정확하게 알지 못합니다. 현재는 시각, 청각, 후각 등의 영역에서 들어온 정보가 해마에서 합쳐져 새로운 기억으로 만들어진 이후에 가치관, 선호도, 보상을 담당하는 영역들을 지난 다음에 다시 시각, 청각, 후각 영역으로 돌아간다는 가설이 유력합니다. 이는 두 가지 이상의 정보가 연결될 때 우리가 더 강력하게 인식할 수 있다는 이야기입니다. 우리가 이미 알고 있는 정보에 새로운 정보들을 연결해준다면 더욱 효과적이겠지요.

아이가 공부를 잘하길 바란다면 비법은 단순합니다. 정보들 사이의 연결 고리를 많이 만들어놓으세요. 새로운 자극을 많이 주고, 쓸데없어 보이는 것들도 열심히 배우게 하십시오. 주입식 교육으로 한두 개의 정보만 입력한다면 그 기억은 외딴섬처럼 홀로 머물다가 결국 사라지게 됩니다. 하나의 지식을 역사적, 종교적, 과학적 관점으로 접하고 오감을 이용하여 기억한다면 다양한 정보 사이에 연결 고리가 생기겠지요. 이렇게 학습한 아이는 훨씬 고차원적이고 창의적인 사람으로 자라날 수 있을 것입니다.

그리고 한 가지 특별한 비법이 더 있습니다. 바로 '잠'을 활용하는 것이랍니다.

아이는 왜 잠을
충분히 자야 할까?

"잠을 자는 이유는 무엇일까요?"

이렇게 물어보면 여러분은 대부분 이렇게 대답하실 것입니다.

"졸리니까 자죠."

그런데 '졸립다'라는 느낌은 잠을 자라고 뇌가 보내는 신호일 뿐입니다. 잘 알고 계시겠지만, 우리가 밥을 먹는 이유도 단순히 배가 고파서가 아니죠. 에너지가 필요한 순간, 뇌가 '배고프다'라는 신호를 내보내어 우리가 음식을 섭취하도록 몸이 유도하는 것입니다. 허기가 지고 꼬르륵 소리가 난다는 것은 당이 떨어졌으니 생명을 유지하고 싶거든 당장 냉장고를 열라는 몸의 명령이랍니다.

잠도 마찬가지예요. 졸린다는 것은 몸에서 무언가가 필요하다는 신호라고 볼 수 있겠지요. 그런데 잠을 통해 그렇게까지 필요로 하는 것이 무엇인지 아직 밝혀지지 않았다는 게 진화의 미스터리랍니다.

사람만 잠을 자는 것이 아닙니다. 토끼도, 물고기도, 새도, 고양이도, 물개도, 사자도, 코끼리도 잠을 잡니다.

현대 인간이야 안전한 침대 위에서 편안하게 잠을 자지만, 동물의 입장에서 생각해보면 잠을 자는 것만큼 위험한 일도 없습니다. 언제 천적이 공격할지 알 수 없는 상황에서 하루의 3분의 1 정도를 의식을 내려놓는다니, 목숨을 내놓는 일이나 마찬가지니까요.

물론 과거 구석기인들의 상황도 비슷했겠지요. 아마 우리 선조들의 상당수는 밀려오는 졸음을 이기지 못한 탓에 맹수의 습격을 받아 운명을 달리했을 것입니다.

심지어는 이런 경우도 있습니다. 여러분, 돌고래 좋아하시죠? 많은 사람이 친근하게 생각하는 돌고래는 물고기가 아니라 포유류입니다. 먼 옛날에 진화 과정에서 육지로 나왔다가 다시 바다로 돌아간 동물이에요. 그렇기 때문에 돌고래에겐 바닷물 속에서 숨 쉴 수 있는 기관이 없어서 일정 시간이 지나면 물 밖으로 나와 호흡을 해야 합니다.

그런데 돌고래 역시 잠을 잡니다. 보통은 잠이 들면 움직이지 못하니 숨을 쉴 수도 없겠죠. 그래서 돌고래는 아주 독특한 방식으로 잠을 자게 되었습니다. 뇌의 왼쪽과 오른쪽을 나눠서 한쪽씩 교대로 잠이 드는 것이지요. 좌뇌가 자는 동안에는 우뇌가 깨어 있어서 왼편 지느러미를 움직이게 하고, 우뇌가 자는 동안에는 좌뇌가 깨어 있어서 오른편 지느러미를 움직이게 합니다. 그렇게 겨우 물 밖으로 이동하여 숨을 쉰다는 거예요.

잠들어 있는 시간까지도 편안하게 쉬지 못하는 돌고래의 삶, 너무 힘겨워 보이지 않습니까? 아니, 이렇게 억지스러운 상황을 만들면서까지 목숨 걸고 잠을 자야 하는 이유는 무엇일까요?

진화는 유전자가 살아남는 방식으로 이루어졌습니다. 그런데 이렇게 위험천만한 잠을 계속 자도록 진화되었다는 것이 이상하지 않나요?

진화 과정에서 잠을 자도록 유지되었다는 것은 그만큼 중요한 이유가 있다는 뜻이겠지요. 대체 그 이유가 무엇일까요?

꿈을 꾸는 잠과 꿈을 꾸지 않는 잠

밤에 잠이 들어서 아침에 잠이 깨기까지 약 7~8시간 동안 우리 뇌 속에서는 아주 많은 일이 벌어집니다. 잠을 잔다고 해서 뇌가 꺼져 있는 건 아닙니다.

잠이 들자마자 뇌는 조용해지고 느려집니다. 이 상태를 '깊은

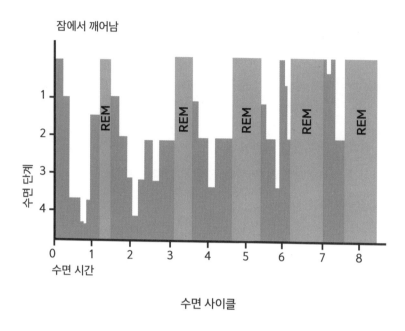

잠에서 깨어남

수면 단계

1
2
3
4

REM REM REM REM REM

0 1 2 3 4 5 6 7 8

수면 시간

수면 사이클

잠'이라고 부릅니다. 깊은 잠을 자는 동안 사람은 몸을 많이 움직입니다. 침대에서 이리 뒤척, 저리 뒤척 활발하게 움직이는 건 깊은 잠에 빠졌다는 신호예요.

그런데 잠든 지 60분 정도가 지나면 깊은 잠에 들어 있던 뇌가 깨어나기 시작합니다. 거의 의식이 돌아오기 직전까지요. 이 상태에서 우리 눈동자는 아주 빠르게 움직입니다. 눈동자가 빠르게 움직이는 수면 단계를 말 그대로 'REMRapid Eye Movement'이라고 부르는데, 눈동자는 움직이지만 몸은 마비되어 있는 것이 이 단계의 특징입니다.

몸이 마비되는 것은 나름의 안전을 위한 우리 몸의 조치입니다. 뇌가 깨어 있기 때문에 자칫하면 잠자던 사람이 벌떡 일어나 저벅저벅 걸어 다닐 수도 있거든요. 실제로 몸의 마비가 풀려서 몸이 움직이는 증상을 '수면보행증(몽유병)'이라고 하지요.

우리가 흔히 '가위에 눌린다'라고 표현하는 증상은 수면보행증과는 반대입니다. REM 단계에서 뇌가 완전히 깨어버렸는데 몸은 아직 굳어 있는 상황인 거지요. 정신은 깨어났는데 몸이 마비된 상태입니다.

REM 단계의 가장 큰 특징은 바로 꿈을 꾼다는 것입니다. 한 시간 정도 꿈을 꾼 후에 다시 깊은 잠에 들어가고, 다시 REM 단계로 돌아와 꿈을 꾼 후 또다시 깊은 잠에 들어갑니다. 매일 밤 이같은 상황이 너덧 번 반복됩니다.

"아닌데? 나는 도통 꿈을 안 꾸는데!"라고 말하는 분들도 있습니다. 그러나 본인이 기억하지 못하는 것일 뿐 눈동자가 빨리 움직이는 동안에는 누구나 꿈을 꾼답니다. 하룻밤 사이에 적어도 네 번 이상의 꿈을 꾸지만, 우리가 기억하는 것은 완전히 깨어나기 직전의 마지막 꿈 하나뿐입니다.

아이가 꿈꾸는 사이에 뇌가 하는 일

이런 사실을 어떻게 알았냐고요? 고약한 과학자들이 비인간적인 실험을 한 덕분입니다. 학생들을 재운 후, 눈동자가 빨리 움직일 때마다 깨우는 실험이었지요. 정말 못된 실험이 아닌가요? 아무튼 피실험자들은 밤새도록 몇 차례 잠들고 깨기를 반복했는데 그때마다 동일하게 꿈을 꾸고 있었다고 합니다.

자, 이제 여러분은 '꿈을 꾸는 잠'과 '꿈을 꾸지 않는 잠'을 구별할 수 있겠지요? 흥미로운 사실은 어린 시절에는 잠의 50퍼센트가 '꿈을 꾸는 잠'이라면, 나이를 먹을수록 '꿈을 꾸는 잠'이 줄어들고 '꿈을 꾸지 않는 잠'이 늘어난다는 것입니다. 게다가 결정적

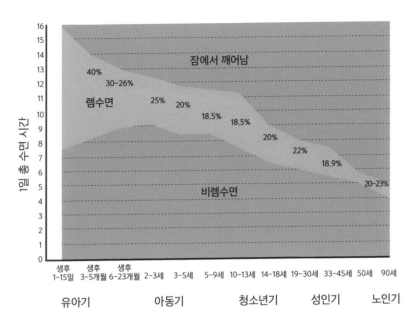

전체 수면 시간 중 렘수면이 차지하는 연령별 비율

시기를 지나면 '꿈을 꾸는 잠'이 급격하게 줄어들지요. 어릴 때는 순간순간 배워야 할 게 많지만, 어른이 되고 나면 더 이상 새롭게 배워야 할 게 점점 없어지는 것과 비슷한 패턴이네요.

아직 확실하게 밝혀지지는 않았습니다만, 많은 과학자가 REM

수면 상태에서 뇌가 학습을 하는 게 아닐까 추측하고 있답니다.

잠과 학습에 관련된 또 하나의 유명한 실험이 있습니다. 매사추세츠공과대학MIT의 매슈 윌슨Matthew Wilson 교수가 그 주인공입니다. 미로 끝에 치즈를 설치한 후, 그는 치즈가 있는 길을 찾도록 쥐를 훈련했습니다. 처음에는 왔다 갔다 길을 헤매던 쥐가 몇 차례 그 과정을 반복한 뒤에는 단번에 치즈가 있는 곳까지 빠르게 달려갔지요. 학습을 통해 길을 기억한 것입니다.

그동안 쥐의 해마에서는 엄청난 일들이 벌어지고 있었겠지요. 신경세포들은 이리저리 시냅스를 연결하느라 정신이 없었을 것입니다. 윌슨 교수는 이때 쥐의 머릿속 해마의 전기신호를 분석해두었습니다.

분주하게 학습하느라 피곤했는지 얼마 후 쥐는 잠이 들었습니다. 시간이 지나자 잠든 쥐의 눈동자가 빠르게 움직이고 이때 해마가 작동하기 시작합니다. 윌슨 교수가 쥐의 REM 수면 동안 해마의 전기신호를 분석해보니 쥐가 깨어서 학습하는 동안의 전기신호와 거의 비슷한 패턴을 보였습니다. 단지 깨어 있는 동안보다 빠르고 반복적이었을 뿐이지요.

그 실험을 통해 윌슨 교수는 재미있는 가설을 세웠습니다.

"꿈을 꾸는 상태에서 우리 뇌는 낮에 경험한 것들을 재방송처럼 틀어주는 게 아닐까? 영상을 빨리 돌리는 것처럼 조금 더 빠른 속도로 말이야."

단 한 번의 경험으로는 새로운 기억이 만들어지지 않습니다. 그러나 같은 경험을 세 번, 네 번, 열 번, 스무 번 반복하면 완전한 기억으로 저장되겠지요. 이렇게 우리 뇌는 새로운 것을 배운다고 볼 수 있습니다.

시험을 잘 보고 싶다면

이 정도 되면 잠의 중요성이 뼈저리게 느껴집니다. 아무리 바쁘고 할 일이 많다고 하더라도 잠만큼은 꼭 충분히 자야겠다고 마음먹게 되지요.

특히 시험공부를 하느라 밤을 꼴딱 새우는 학생이 많은데 뇌과학자로서는 그들의 헛된 노력이 너무나 안타까울 따름입니다. 아무리 많은 양의 수업을 들어도, 아무리 숙제를 열심히 해도 그날 밤에 제대로 잠을 자지 않으면 기억 속에 쉽게 저장되지 않을 테니까요.

아이가 시험을 잘 보길 바라시나요? 그럼 시험 전날 밤에는 무조건 아이를 푹 재우세요. 자기 직전에 아이가 그동안 공부한 것을 처음부터 끝까지 쭉 반복하도록 하는 게 좋습니다. 혹시 이해 안 되는 부분이 있더라도 크게 신경 쓰지 말고 그동안 공부한 내용을 반복하는 것입니다.

그러고는 바로 눈을 감고 잠이 드는 거예요. 아이가 잠자는 사이에 해마 안에서는 잠들기 직전에 본 정보들이 재방송처럼 틀어질 테니까요.

아니, 얼마나 편한 방법입니까? 자면서도 공부를 할 수 있다니요. 몸을 침대에 눕힌 채 편안하게 쉬고 있으면 뇌가 알아서 나의 고민과 문제를 수면 상태에서 해결해준다니, 얼마나 기특한 녀석

인지요.

 사실 이건 저도 자주 사용하는 방법입니다. 다음 날 중요한 회의가 있을 때는 침대맡에서 관련 자료들을 처음부터 끝까지 쭉 훑어본답니다. 약간 어려운 부분이 있어도 일단은 넘어간 후 깊고 편안한 잠을 청합니다. 그러고 나서 아침에 깨어나면 놀랍게도 밤사이에 고민스러웠던 지점들이 정리될 때가 있습니다.

 위인전을 읽다 보면, 자다가도 좋은 아이디어가 떠올랐다거나 꿈에서 결정적인 힌트를 얻었다는 이야기가 나오잖아요. 생각해 보면 그들도 마찬가지 상황이었을 것입니다.

 잠들기 직전까지 골똘하게 생각한 내용이 REM 수면 상태에서 반복적으로 재생된 게 아니었을까요? 꿈을 꾸면서 깊이 있는 학습을 한 것이겠지요. 다음 날 떠오른 창의적 생각은 밤새 쉬지 않고 일한 해마 안에서 시냅스가 효율적으로 강화된 결과가 아니었을까요?

 잠은 참 중요합니다. 그러나 더 중요한 건 반드시 공부를 해야 한다는 사실입니다. 혹시라도 제 말을 잘못 이해하여 공부도 안 하고 잠만 자놓고서 좋은 결과를 바랄까 봐 걱정되네요. 여러분, 모두 아시죠? 공부를 하지 않고 시험을 잘 볼 수 있는 방법은 세 상 어디에도 없답니다.

이것만은 꼭 기억하세요!

- 결정적 시기 이후에도 뇌 안 측두엽에 위치한 '해마'라는 기관이 관여하여 아이는 학습을 할 수 있습니다.

- 해마는 기억을 단순히 저장하는 곳이 아니라 새로운 기억을 만드는 일을 합니다.

- 이제 아이가 무언가를 배우면 결정적 시기에 완성된 연결 구조 자체는 거의 변화하지 않지만, 연결 고리인 시냅스들이 두꺼워지거나 얇아집니다.

- 이 시냅스들을 통통하게 강화하여 효율성이 증가하도록 의도적으로 훈련하는 것이 새로운 기억의 탄생이자 학습이고 또 공부입니다.

- 즉 두 가지 이상의 정보가 연결될 때 아이는 더 강력하게 인식할 수 있으므로, 아이가 공부를 잘하길 바란다면 정보들 사이의 연결 고리를 많이 만들어주세요.

- REM 수면 상태에서 꿈을 꾸는 동안 뇌는 아이가 잠들기 전에 본 정보들을 반복적으로 학습하게 해줍니다. 그러니 시험 전날 밤에는 아이가 푹 자도록 도와주세요.

3장

책을 읽는 동안 아이의 뇌는 상상력을 키운다

상상력은 어설프게 태어난 뇌를 넓고 깊게 완성해줍니다. 책을 읽는 순간, 아이의 뇌는 새로운 세상을 상상하면서 다른 사람이 가지지 못한 길들을 만들어내지요.

아이가 스스로
배우고 싶어 하도록

도움을 받으면 아이가 충분히 할 수 있는 것

공부에 대해 좀 더 본격적으로 이야기를 나눠보겠습니다. 러시아 심리학자 중에는 레프 비고츠키Lev Vygotsky라는 분이 있습니다. 아동의 행동 발달과 관련하여 많은 연구를 했고, 현재 우리에게 익숙한 발달심리학의 기초를 세웠지요.

비고츠키는 아이들의 학습 과정을 세 가지 과정으로 정리했습니다. 나무의 나이테 같은 동심원 세 개의 다이어그램으로 말이지요.

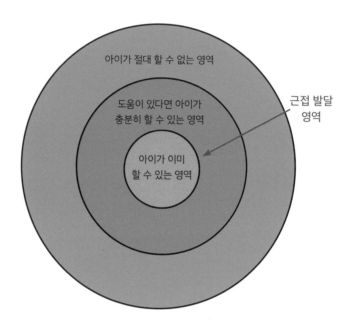

아이가 절대 할 수 없는 영역

도움이 있다면 아이가
충분히 할 수 있는 영역

근접 발달
영역

아이가 이미
할 수 있는 영역

레프 비고츠키가 주장하는 아이들의 학습 과정

가장 안쪽 원은 '아이가 이미 할 수 있는 영역'에 해당합니다. 대부분 인간이 본능적으로 할 수 있는 일들로서 보고, 듣고, 걷고, 먹고, 자는 등 태어날 때부터 뇌라는 하드웨어에 세팅되어 있는 능력이지요.

가장 바깥쪽 원은 '아이가 절대 할 수 없는 영역'에 해당합니다.

아무리 해도 안 되는 것들이 있지 않습니까? 새처럼 하늘을 날 수 없고, 어느 옥타브 이상으로는 고음을 낼 수 없지요. 다섯 살짜리 아이에게 고등 수업을 할 수는 없는 노릇이잖아요.

그런데 중간 영역을 보세요. 아이가 본능적으로 할 수 있는 것과 절대 할 수 없는 것 사이에도 공간이 보이지요? 비고츠키는 저 영역에 이런 이름을 붙였습니다.

'도움이 있다면 아이가 충분히 할 수 있는 영역.'

세상 대부분의 공부는 저 중간 영역에 속하지요. 학교라는 장소나 선생님이라는 직업도 이 영역을 위해 존재하는 것이고요.

저 중간 영역을 고르게 잘 넓혀나가는 것이 한 사람이 성장하는 길이 아닐까 싶습니다. 비고츠키는 '어떤 도움을 받느냐'가 중요하다고 말합니다. 같은 아이라도 도움의 종류에 따라 중간 영역이 다르게 확장된다고요. 적절한 도움은 아이의 중간 영역을 더 빨리 확장시키지만, 부적절한 도움은 오히려 축소시키기도 합니다.

그럼 어떤 방법으로 도움을 주어야 할까요?

외적 동기와 내적 동기

첫 번째 방법은 아이에게 '외적 동기'를 주는 것입니다.

아마 학령기 자녀를 두셨다면 이런 잔소리를 한두 번쯤 해보셨을 거예요.

"이번 시험을 잘 보면 네 용돈을 올려줄게."
"너 오늘도 학습지를 안 풀면 혼날 줄 알아!"

상이나 벌은 타인에 의해 외부에서 주어지는 동기입니다. 이런 잔소리를 해보신 분은 그 효과 또한 경험하셨을 겁니다. 아이가 용돈이 탐나면 시험공부를 열심히 할 것이고, 혼나는 게 무서우면 울며 겨자 먹기로 학습지를 풀겠지요. 하지만 아시죠? 그 같은 외적 동기의 효력은 그리 오래가지 못한다는 사실을요.

사람의 뇌가 어떤 상황이든 빠른 속도로 적응한다는 게 문제라면 문제입니다. 이번 시험에서 용돈이라는 상을 주었다면 다음 시험을 위해서는 더 큰 상이 필요합니다. 그렇게 용돈을 반복해서 조금씩 올려주다 보면 웬만한 금액으로는 아이를 만족시킬 수 없게 되지요.

벌도 마찬가지예요. 처음에는 약간만 잔소리해도 무서워하던 아이가 몇 번 반복되면 우습다는 듯 흘려듣습니다. 그렇다고 하루 종일 아이를 붙잡고 야단을 칠 수는 없는 노릇이잖아요.

외적 동기는 초반에는 효과가 즉각적으로 높게 나타나지만, 분명한 한계점이 있습니다. 외적 동기만으로는 '도움이 있다면 충분히 할 수 있는 영역'을 지속적으로 확장시킬 수 없겠네요.

두 번째 방법은 아이 스스로 '내적 동기'를 가질 수 있도록 이끄는 것입니다. 말 그대로 아이가 호기심을 해결하기 위해 자발적으로 공부를 하고 기술을 터득하는 것입니다. 상이나 벌이 있어야만 학습으로 이어지는 '외적 동기'에 비해 내가 원해서 능동적으로 움직이게 해주는 '내적 동기'가 훨씬 좋다는 건 두말할 필요도 없겠지요. 이 '내적 동기'를 높일 방법이 있다면 얼마나 좋을까요?

아이의 내적 동기를 키우려면

비고츠키는 '놀이, 게임, 상상력'을 통해 아이의 내적 동기를 키워줄 수 있다고 주장했습니다.

여러분 모두 아시겠지만, 사람은 배워야 삽니다. 인간은 끊임없는 학습을 통해 살아남을 수 있습니다. 언어도 학습해야 하고, 과학 지식도 습득해야 하며, 생존에 필요한 기술도 익혀야 하는데 여기에는 참 많은 에너지가 필요하지요.

눈앞에 놓인 사과를 보는 것은 아이에게 본능적으로 세팅되어 있는 능력입니다. 그러나 종이에 쓰인 '빨간 사과'라는 글자를 읽는 것은 학습을 통해 애써 배워야 하는 기술입니다. 이 기술을 외적 동기에만 기대어 익혀야 한다면 매우 힘들겠지요. 수많은 글자를 깨우칠 때마다 상을 요구하거나 벌이 뒤따른다면 학습자나

지도자나 얼마나 피곤하겠습니까.

그런데 비고츠키는 아이가 상상력을 발휘할 수 있도록 환경을 조성한다면 아이의 학습 동기를 내적 동기로 바꿀 수 있다고 말합니다. 우리 인간에게는 보이지 않는 것들을 그려낼 수 있는 놀라운 능력이 있으므로 놀이와 게임을 통해 아이가 새로 배워야 할 것들을 뇌가 끊임없이 시뮬레이션을 할 수 있도록 유도한다면 말입니다.

도대체 놀이와 게임, 그리고 상상력이 무엇이기에 이토록 큰 힘을 갖고 있는 것일까요?

아이의 뇌는
상상하도록 진화되었다

결정적 시기가 필요한 이유

저는 레프 비고츠키의 이론에 깊이 공감합니다. 뇌의 진화 과정과 일맥상통하기 때문이지요. 앞서 우리는 '결정적 시기'라는 개념에 대해 알아봤습니다. 그리고 그 시기가 필요한 이유 역시 진화적 관점으로 추측할 수 있겠지요.

이제 막 세상에 나온 갓난아기의 뇌를 생각해봅니다. 한 인간이 평생 해야 할 판단과 결정을 내려야 하는 막중한 임무를 지닌 채, 작고 연약한 태중의 뇌가 만들어졌을 겁니다. 그 어린 뇌는 어둡고 컴컴한 두개골 안에 갇힌 채 세상에 나왔습니다. 자신이 살아나가야 할 바깥세상에 대해서는 전혀 알지 못하는 상태로 말이지요.

어린 뇌는 감각기관을 통해 차근차근 세상을 탐색합니다. 태어나보니 내가 살아갈 곳이 구석기시대의 열대우림일 수도 있고, 중세시대의 지중해 근처일 수도 있습니다. 21세기 한반도의 대도시 한복판일 수도 있고요. 자, 이제부터 뇌는 생존을 위해 노력합니다. 작은 뇌는 자기가 처한 환경에 따라 다른 지식과 기술을 익히고 다듬기 시작합니다.

어떤 환경에서 어떻게 태어날지 전혀 알 수 없는 상황인데, 처음부터 뇌가 완벽하게 만들어져 있다면 오히려 생존에 불리하겠지요. 일단은 대충 만들어진 상태로 세상에 나온 후 천천히 다듬어지는 편이 낫습니다. 그래서 '결정적 시기'가 필요한 것입니다. 일정 기간을 거치면서 외부 환경을 파악하고 적응할 수 있도록 말이지요. '결정적 시기'에 들어오는 정보를 활용해서 뇌를 완성하는 것이 훨씬 생존에 유리할 테니까요.

저는 '고향'이라는 단어를 들을 때면 '결정적 시기'가 떠오릅니다. 고향은 생각만 해도 편안하고 정겹고 그리운 곳이 아닙니까. 고향이 그렇게 느껴지는 이유는 그 환경에서 우리 뇌가 만들어졌기 때문일 겁니다. 대한민국을 고향으로 둔 대부분의 우리가 나이를 먹어 해외에서 생활해야 한다고 생각해보세요. 아, 생각만 해도 불편합니다. 30년 넘도록 국내에서 살았는데 이제 와서 갑자기 남아프리카공화국이나 알래스카에 적응하라고 하면 걸리적거리는 게 한두 가지가 아닐 거예요. 이미 만들어진 뇌가 기대하는 환경과 내가 살아가야 할 현실이 너무 차이가 나기 때문이지요.

그런데 말이죠, '결정적 시기'라는 방식이 굉장히 효율적이지만 좀 위험하다는 생각도 듭니다. 태어나서 10여 년간의 경험으로 만들어진 뇌를 가지고 남은 평생을 살아내야 한다면 자칫 잘못된 결과를 낳을 수도 있지 않을까요?

어린 시절 우연한 경험을 통해 그릇된 정보가 입력될 수도 있습니다. 각자 처한 환경에 따라 정보의 양이 턱없이 부족할 수도 있고, 그마저 생존에 불리한 정보라면요? 콘라트 로렌츠의 새끼 거위 실험을 기억하시나요? 운이 나쁜 아이가 새끼 거위처럼 결정적 시기에 엄마가 아닌 노란 장화를 보았을 수도 있습니다. 잘못된 우연으로 평생 노란 장화만 따라다니도록 아이의 뇌가 완성된다면 너무 위험하지 않을까요?

아이들의 놀이는 '상상'이다

그래서 뇌는 다른 방식의 학습법도 만들어놓았습니다. 이 두 번째 생존 방식이 비고츠키가 주장하는 것입니다.

어린이와 어른의 가장 큰 차이는 무엇일까요? 어린 시절, 우리는 '놀이'를 합니다. 정말 하루 종일 지치지도 않고 놀이를 합니다. 아침에도 놀고, 밤에도 놀고, 혼자서도 놀고, 친구와도 놀고, 눈에 보이는 모든 것과 함께 놉니다. 그런데 어른이 되면 더 이상 놀이를 하지 않아요.

그렇다면 놀이는 무엇일까요? 아이들이 하는 놀이를 가만히 관찰하면 그 답을 알 수 있습니다.

대부분의 놀이는 '상상'입니다.

'내가 공주라면?'
'내가 우주인이라면?'
'내가 공룡이라면?'

놀이하는 아이는 스스로 상황을 만들고 공간을 꾸밉니다. 익숙한 환경의 구석구석을 보이지 않는 상상으로 채워나가지요. 물론 아이는 공주가 아닙니다. 우주인도 아니고 공룡도 아니에요. 놀이하는 동안에는 그냥 그렇다고 믿는 것입니다. 아이가 늘 뛰놀던 놀이터는 궁전이 되고, 우주선이 되고, 백악기의 늪지대가 됩니다. 그렇게 상상하는 순간, 실생활에서는 절대 경험할 수 없는 것들을 경험하게 되는 겁니다.

상상력이 지식보다 중요하다

결정적 시기에 '노란 장화'밖에 경험할 수 없었던 아이가 있습니다. 다행히 이 아이는 상상을 통해 '빨간 고무신'과 '파란 운동화'를 만나게 되었습니다. '숲'과 '동물'과 '엄마, 아빠'를 만나고 '바다'와 '우주'를 경험합니다. 놀이를 하면 할수록 경험의 폭이 넓어지고, 그만큼 생존을 위한 폭넓은 선택지를 준비할 수 있습니다.

모든 아이는 언제나 놀이를 합니다. 까마득한 고대이집트의 아이들도, 전쟁으로 정신없었던 로마제국의 아이들도, 경제 대공황을 겪은 뉴욕 거리의 아이들도 자기 손에 잡히는 단순한 놀잇감을 찾아 들고 매 순간 치열하게 놀이를 했을 것입니다. 역사, 문명, 문화와 상관없이 인간의 아이가 놀이를 한다는 건 분명한 사실이니까요. 놀이의 핵심은 상상력입니다.

상상력은 자칫 인간을 위험에 빠뜨릴 수 있습니다. 지금도 슈퍼맨 놀이를 하면서 보자기를 뒤집어쓰고 높은 데서 뛰어내리는 아이들을 보면 심장이 철렁 내려앉는데, 우리 선조들은 오죽했을까요. 맹수가 언제 덮칠지 모르는 상황에서 '호랑이가 고양이라면?'이라고 상상 놀이를 했을 고대의 아이를 떠올려보세요. 어쩌면 상상력은 많은 조상의 목숨을 앗아 갔을지도 모릅니다.

그러나 그렇게 위험한 상상을 인류가 계속하도록 진화되었다는 건 그만큼 중요한 이유가 있기 때문이겠지요. 아이에게서 상상력을 제거한 채 눈, 코, 귀가 주는 정보만으로 결정적 시기를 완성시켰다고 생각해보세요. 실제 경험과 짧은 공부만으로 만들어진 뇌는 아주 적은 영역의 능력만을 발달시킬 것입니다. 살면서 부딪힐 수많은 상황과 위험에 대처할 능력을 갖추지 못했으니, 작은 환경적 변수에도 인류는 쉽게 무너지겠지요. 인류의 진화에서 그보다 위험한 일이 또 있을까요?

상상과 놀이. 이 두 가지는 어설프게 태어난 뇌를 넓고 깊게 완성하는 아주 중요한 요소입니다. 그래서 알베르트 아인슈타인이 이런 말을 남겼나 봅니다.

"상상력이 지식보다 중요하다."

알파 세대도
책을 읽어야 할까?

우리 시대의 아이에게 가장 필요한 능력

우리 아이들의 작은 뇌가 맞이해야 할 환경은 급속도로 변하고 있습니다. 태어나자마자 초고속 인터넷이 깔린 집에서 스마트 TV로 유튜브를 봅니다. 정보는 어디에나 다 있습니다.

책 한 권의 가격이 몇 천만 원을 오가던 과거가 있었습니다. 책의 가격은 곧 정보의 값이니, 당시에는 정보를 얻기 위해 고작 책 몇 권을 사려고 농장 하나를 팔아야 했을 겁니다. 다행히 요하네스 구텐베르크 덕분에 지금은 책 한 권의 값이 2만 원 정도로 떨어졌습니다.

그런데 인터넷 시대에는 대부분의 정보 값이 심지어 무료입니다. 값싼 정보는 흘러넘치고 이제 누구나 손만 뻗으면 가질 수 있게 되었습니다. 정보의 양이 많다고 성공할 수 있는 건 아닙니다. 이제 더 이상 정보 자체가 중요하지 않은 시대예요.

2010년 이후에 태어난 아이들을 알파 세대라고 부르죠. 어려서부터 기술적 진보와 정보의 홍수를 경험하며 자라는 세대로, 이 아이들은 디지털 세상에서는 무엇이든 가능하다는 것을 이미 알고 있습니다. 이런 시대일수록 지금 아이에게 더욱 필요한 건 '상상력'이 아닐까요? 보이지 않는 것을 볼 수 있는 능력, 현실에 존재하지 않는 것을 그려낼 수 있는 능력. 인간만이 가진 이 엄청난 능력이 현실에서는 불가능한 뇌의 변화를 만들어냅니다.

내 눈앞에는 덩그러니 놓인 빨간 사과밖에 없지만, 내 뇌는 이 사과를 이용하여 창세기의 에덴동산을 탐험하고, 백설공주와 함께 모험하며, 아이작 뉴턴Isaac Newton의 발견을 이해하는 불가사의한 경험을 합니다. 빨간 사과와는 거리가 멀어 보이는 상상 속에서 그와 관련된 신경세포들이 연결되고 두꺼워집니다. 상상을 통해 앞으로 닥칠 막연한 환경에 훨씬 잘 준비된 뇌를 만들 수 있는 것이지요.

읽으면서 상상하면 더 오래 기억된다

다시 말씀드리지만, 인간의 뇌는 지난 30만 년 동안 변하지 않았습니다. 구석기시대 조상들의 뇌와 크게 달라지지 않았지요. 보고, 듣고, 걷고, 뛰어다니는 영역과 관계된 신경세포는 이미 완성되어 있습니다. 상상을 통해 학습해야 할 필요도 없지요. 하드웨어에 모두 갖춰져 있으니까요.

하지만 앞에서 잠깐 언급했듯이 뇌에는 '글 읽기'와 관련된 영역은 없습니다. 태어날 때부터 갖지 못한 능력을 갖추려면 공부를 해야 합니다. 특히 상상을 해야겠지요.

자, 다음 글자를 읽어볼까요?

빨간 사과
red apple

글자의 생김새는 '빨간색'이나 '사과'라는 과일과 전혀 연관성이 없습니다. 영어로 쓴 'red apple'도 마찬가지예요.

하지만 이 글자들을 보는 순간, 머릿속에 붉은빛이 도는 탐스러운 과일 하나가 떠오르지 않았나요? 시각적인 색과 형태 외에도 새콤한 맛과 달달한 향기, 그리고 한 알의 사과를 쥐었을 때의 무게감과 적당히 차가운 온도까지 떠오릅니다. 상상을 하면 할수록 해마 안에서 역동적인 변화가 일어납니다. 여러 개의 신경세포를 연결하여 시냅스를 두껍게 만듭니다.

앞서 말씀드렸듯이 뇌로서는 책을 읽는 건 어려운 일입니다. 글자도 배워야 하고, 흰 종이에 인쇄된 지렁이 같은 글씨를 읽고 상상까지 해야 합니다. 왕자가 공주를 구하려고 어떤 험난한 일을 겪었는지, 눈에 보이지 않는 것을 낑낑대며 그려내야 하니까요. 그런데 그때! 뇌 안에서 기억이 만들어집니다. 그리고 그 기억은 곧 나를 만듭니다.

앞에 나왔던 이 실험의 결과도 기억하시나요? 평범한 민무늬 컵을 내 것이라고 상상하는 순간 더 비싼 가격을 매겼다는 사실을요. 사람들은 '내 것'이라고 생각하면 더욱 소중하게 여깁니다.

힘들게 책을 읽으면서 애써 그려낸 상상의 기억들은 온전히 내가 만든 나의 기억입니다. 그 기억은 쉽게 얻은 다른 것들에 비해 훨씬 더 소중하게 느껴질 것입니다. TV로 본 장면보다 내가 상상으로 만들어낸 장면이 더 오래 남는다는 뜻이지요.

이스라엘의 독서 교육

뇌과학자가 뇌에 이롭다고 주장하는 독서 교육에 대해 꽤 괜찮은 사례를 찾아볼 수 있는 나라가 있습니다. 바로 이스라엘입니다. 유대인들의 자녀 교육은 워낙 유명하지요. 특히 어려서부터 독서만큼은 철저하게 습관화하는 것으로 잘 알려져 있는데, 지난 여행 중에 만난 가족도 마찬가지였습니다.

서너 살짜리 유아뿐만 아니라 10대 청소년들까지 매일 밤 잠자리에서 부모님이 책을 읽어주는 건 당연하다고 생각하는 것 같았어요. 그런데 단순히 책만 읽어주는 건 아니더라고요.

그날 저녁에도 마찬가지였습니다. 집주인 부부는 아이들을 재우러 들어가고, 저를 포함한 일행들은 조용히 담소를 나누며 기다렸습니다. 그런데 아이와 함께 『아기 돼지 삼 형제』 그림책을 들고 침실로 들어갔던 이스라엘 친구가 화난 상태로 씩씩대며 나오지 뭡니까.

"어휴, 우리 아이는 정말 큰일이야."
"왜 그러는데?"
"아니, 책을 다 읽어줬는데도 아이가……."
"읽어줬는데도?"
"질문을 안 하잖아, 질문을!"

이스라엘 친구의 말을 들어보니, 이 정도로 책을 읽어줬으면 '정말 늑대는 나쁜가요?' 같은 질문이 자연스럽게 나와야 한다는 겁니다. 그 후 부모와 아이는 늑대의 윤리성에 관해 아주 진지한 토론을 30분 정도 하는 게 정상이고요. 그런 다음에야 잠이 드는 거지요.

어떤가요? 다양한 교육법과 독서법이 있지만, 뇌과학자의 입장에서는 바로 이것이 뇌 발달에 가장 최적화된 방식이라는 생각이 들었습니다.

책을 읽으면서 상상을 통해 텍스트 정보를 받아들이고, 질의응답을 하면서 내 체험으로 만듭니다. 그러고 나서 잠이 든다면 꿈속에서 밤새도록 돼지 삼 형제와 늑대의 도덕성과 생존 관계에 대해 시뮬레이션을 하겠지요. 아침에 일어나 유치원에 가면 깊은 기억의 저장고에 어젯밤 공부한 것들이 생생하게 남아 있을 겁니다.

매일 밤 잠들기 전, 부모와 아이 사이에는 이 같은 방식으로 독서와 질문, 그리고 토론이 오갔던 모양입니다. 부모는 아마도 그들 부모에게서 같은 방법의 교육을 받았겠지요? 그렇게 여러 세대를 거쳐 전통이 만들어지고, 가치 있는 교육법이 전수된다는 생각에 부러움이 앞서더군요.

뇌과학을 연구하며 세계 무대에서 만난 유대인들은 참 대단했습니다. 학문이든, 기업이든, 스타트업이든 다른 사람들이 생각하지 못한 부분을 짚어내고 놀라운 결과를 이끌어내더군요. 과거에도 그랬고 지금도 세계 최고의 학문과 기술을 선도하는 자리에는 그들이 당당히 서 있지 않습니까.

물론 한국 학생들도 유대인 못지않게 똑똑합니다. 누구보다 열심히 공부하고 높은 성적을 거두는 것으로 잘 알려져 있지요. 그런데 상상력이 필요한 순간에는 그 힘이 약해집니다.

우리나라에서 최고의 수학 실력을 뽐내는 학생도 외국에 나가면 꼴찌를 면치 못합니다. 왜 그럴까요? 진짜 수학은 문제 풀이가 아니기 때문입니다. 엄청나게 빠른 계산 실력에 놀라던 교수들도 증명을 해야 하는 시점에서 논리를 찾지 못해 쩔쩔매는 한국 학생들을 보면 안타까워하더군요.

이제 문제 풀이는 컴퓨터가 하는 시대니까요. 답을 내는 일은 당연히 기계가 훨씬 잘합니다. 사람은 기계가 할 수 없는 새로운 일을 찾아야 하는데, 상상력이 없으면 그 역할을 기계에게 빼앗

기고 말 것입니다.

세계에는 다양한 분야에서 두각을 드러내는 사람들이 있습니다. 그들의 공통점은 무언가를 끊임없이 시도하고, 주어진 문제를 해결해내려고 끙끙댄다는 것이지요. 고난과 역경이 찾아올 때 그들은 두려워하기는커녕 새로운 가능성을 찾아내는 능력, 기존의 판을 뒤집고 모두가 놀랄 만한 미래를 만들어내는 능력을 발휘합니다.

저는 이 능력을 창의력 혹은 창조력이라 부르고 싶습니다. 이 같은 능력은 어느 날 갑자기 하늘에서 은총처럼 뚝 떨어지는 것이 아닙니다. 매일 운동하며 단련되는 근육처럼 자주 쓰지 않으면 퇴화합니다. 만약 어린 시절에 질문이 차단된 환경에서 교육을 받았거나, 창의력을 발휘할 만한 동기부여가 전혀 없었다면 창의력의 근육은 만들어질 수 없을 것입니다.

'질문할 수 있는 환경'은 어린 시절부터 꾸준히 조성되어야 합니다. 두뇌 회로가 형성되는 결정적 시기에 부모님이나 선생님이 아이가 어떤 문제에 대해 질문하는 것을 자꾸 가로막는다고 생각해보세요. 그 아이의 머릿속에는 돌이킬 수 없는 답이 각인될 것입니다.

질문을 차단하는 기계적 교육 방식은 아이의 유연한 뇌가 온 우주의 정보를 스펀지처럼 흡수하는 중요한 시기에 생각하는 힘이 만들어지지 못하도록 가로막습니다. 무엇이든 질문해도 되는 환경, 좋은 질문을 할 줄 아는 아이, 그리고 스스로 답을 찾아보는 경험이 창의적인 인간을 만들어내는 방법입니다. 어려서부터 습관적으로 책을 읽고 토론하며 고민한 뇌와, 영상으로 입시용 정보를 쉽게 받아들인 뇌는 다른 길을 걸을 수밖에 없겠지요.

이스라엘의 탈무드 독서법

어린 시절에 탈무드를 읽어보신 분들이라면 굴뚝 청소부의 이야기를 기억할 것입니다. 굴뚝 청소를 마친 두 사람이 있습니다. 한 사람은 얼굴이 깨끗하고, 한 사람은 얼굴이 더러웠다고 합니다. '두 사람 중에서 누가 얼굴을 씻을까?'를 두고 랍비와 제자가 질문과 대답을 이어갑니다.

- 얼굴이 깨끗한 사람이 씻을 것이다. 얼굴이 더러운 사람은 깨끗한 사람을 보고 자기 얼굴도 깨끗하다고 생각할 것이고, 얼굴이 깨끗한 사람은 더러운 사람을 보고 자기 얼굴도 더럽다고 생각할 것이기 때문이다.
- 둘 다 씻으러 간다. 앞의 이유로 깨끗한 얼굴을 한 사람이 먼저 씻으러 가면 그 모습을 본 더러운 얼굴의 사람도 뒤따라 씻을 것이기 때문이다.

- 아무도 씻지 않는다. 얼굴이 더러운 사람은 깨끗한 사람을 보고 자기 얼굴도 깨끗하다고 생각해서 씻지 않을 것이고, 얼굴이 깨끗한 사람은 더러운 사람도 씻지 않으니 자신도 씻을 필요가 없다고 생각할 것이기 때문이다.
- 질문이 잘못되었다. 둘 다 굴뚝에 들어갔는데 한 사람은 깨끗하고 한 사람은 더러울 수가 없기 때문이다.

참 별것도 아닌 일을 가지고 많은 생각을 하게 만들지요? 유대인들은 이미 알고 있는 사실, 당연하다고 여겨지는 사실도 질문과 토론을 통해 의심하고 번복하며 검증하여 진실에 다가서기 위해 노력합니다. 그래서 '과연 옳은 생각일까?', '이 상황을 다르게 바라볼 수는 없을까?', '정말 다른 대안은 없을까?' 하고 다양한 관점으로 생각하는 것을 '탈무드 사고법'이라고 부르는 것 같습니다.

이 같은 교육은 4~5세부터 시작됩니다. 이제 막 말문이 트이기 시작한 유아기 아이들도 탈무드에 담겨 있는 의미에 대해 찬반 논쟁을 벌이죠. 이러한 탈무드 논쟁은 오늘날 이스라엘 교육

과도 연결되어 있습니다. 무려 500여 년간 이어져 내려온 전통이에요. 교실에서 아이들은 질문하고 토론하고 논쟁하는 것이 익숙하지요.

이스라엘 교실에서는 짝을 지어 서로 소리를 지르면서 논쟁하는 아이들로 아주 시끄럽다고 합니다. 각자 하나의 관점을 가지고 논쟁하지만, 때로는 서로의 입장으로 교대하는 훈련도 합니다. 다른 방식으로 생각하거나 다른 사람들의 생각을 이해하기 위해서도 필요한 노력인 셈이지요.

모든 것은 당연하지 않다는 깨달음, 각기 다른 견해를 편견 없이 받아들이는 문화, 그 과정에서 얻게 되는 유연한 사고, 그리고 아이디어를 도출하는 방법. 질문과 토론을 장려하는 사회에서 자란 아이는 창의적인 어른으로 성장할 것입니다.

그렇다면 탈무드 사고법을 훈련하는 데는 특별한 텍스트가 필요할까요? 그렇지 않습니다. 방금 이야기한 『아기 돼지 삼 형제』라는 단순한 동화로도 서로 질문하고 토론할 수 있는 거리는 무궁무진하니까요.

한번 예를 들어볼게요.

『아기 돼지 삼 형제』를 읽고 아이와 나눌 수 있는 질문들

- 아기 돼지들은 왜 엄마 돼지를 떠나서 따로 살게 되었을까요?

- 엄마 돼지가 조심하라고 주의한 것은 무엇이었나요?

- 첫째 돼지가 밀짚으로 집을 지은 이유는 무엇일까요?

- 둘째 돼지는 왜 나무로 집을 지었을까요?

- 셋째 돼지는 어떻게 집을 지었을까요?

- 셋째 돼지는 집을 지으면서 무슨 생각을 했을까요?

- 늑대는 돼지 삼 형제를 보며 어떤 생각을 했을까요?

- 늑대는 어떤 방법으로 아기 돼지들을 공격했나요?

- 늑대가 아기 돼지들을 공격할 수 있는 다른 방법은 없을까요?

- 늑대의 공격에 첫째와 둘째 돼지의 집은 어떻게 되었나요?

- 늑대가 돼지 삼 형제에게 다가갔을 때 나는 어떤 느낌이 들었나요?

- 첫째와 둘째 돼지가 지은 집은 정말로 나쁜 집일까요?

- 돼지 삼 형제가 각각 지은 집의 장점과 단점은 무엇일까요?

- 늑대가 없었다면 첫째와 둘째 돼지는 끝까지 안전했을까요?

- 셋째 돼지는 형들을 자기 집으로 들이면서 무슨 생각을 했을까요?

- 돼지 삼 형제는 어떤 방법으로 늑대를 물리쳤나요?

- 늑대가 돼지 삼 형제에게서 도망쳤을 때 나는 어떤 느낌이 들었나요?

- 늑대는 왜 굴뚝으로 들어갔을까요?

- 늑대가 굴뚝을 통해 집 안으로 들어가려 한 생각은 좋은 아이디어일까요?

- 아기 돼지들을 잡아먹으려 한 늑대가 정말 나쁘다고 생각하나요?

- 아기 돼지들은 다른 방법으로 자기 안전을 지킬 수는 없었을까요?

- 아기 돼지들이 끓는 가마솥 물로 늑대에게 화상을 입힌 방법은 윤리적인가요?

- 엄마 돼지가 늑대에 대해 좀 더 자세히 알려주었다면 어땠을까요?

- 늑대에게 들려주고 싶은 조언이 있다면요?

- 삼 형제가 등장하는 다른 동화나 이야기는 없을까요?

- 아기 돼지가 세 마리가 아니라 두 마리나 네 마리라면 이 이야기는 어떻게 달라질까요?

- 만약 셋째 돼지의 성격이 나빴다면 이 이야기는 어떻게 바뀌었을까요?

- 만약 첫째나 둘째 돼지가 욕심이 많았다면 이야기의 결말은 어떻게 되었을까요?

- 주인공들을 사람으로 바꾸면 이 이야기는 어떻게 진행될까요?

- 늑대가 떠난 뒤 아기 돼지 삼 형제는 어떻게 지냈을까요?

- 아기 돼지 삼 형제가 떠난 뒤 엄마 돼지는 어떻게 지냈을까요?

- 이 이야기의 결말을 바꿀 수 있다면 나는 어떻게 바꾸고 싶은가요?

- 가족과 함께 사는 집이 더 행복할까요, 혼자 독립적으로 사는 집이 더 행복할까요?

- 늑대가 집을 지어야 한다면 어떤 집을 추천하고 싶은가요?

- 내가 생각하는 좋은 집은 어떤 집인가요?

- 아기 돼지 삼 형제가 함께 살기 위해 집을 고쳐야 한다면 어느 부분을 고치면 좋을까요?

- 내가 좋아하는 집에서 살기 위해 필요한 것은 무엇일까요?

한국인은 대부분 성장 과정에서 질문하는 법을 배우지 못했습니다. 그러나 문제를 직접 만들지 못하면 다른 누군가가 만들어 낸 문제에만 매달려야 합니다.

그래서 유대인 부모들은 학교에서 집으로 돌아온 아이에게 "오늘은 무엇을 배웠니?"가 아니라 "오늘은 어떤 질문을 했니?"

라고 물어본다고 하네요.

부모들의 인생 경험은 짧고 단순한 동화 안에서도 분명한 통찰을 발휘할 것이라고 생각합니다.

이제부터 아이와 함께 책을 읽고 신나게 질문과 토론을 이어가면 어떨까요? 아이의 사고를 가로막는 정답을 찾기 위한 질문이 아니라, 새로운 것을 발견하고 내 삶을 능동적으로 이끌 수 있는 질문 말입니다.

물론 훈련이 되지 않은 상태에서 부모가 질문을 생각해내는 것도 쉽지 않은 일입니다.

하지만 이야기 속 단어의 뜻을 묻는 질문, 문장의 표현을 되짚는 질문, 아이의 느낌을 묻는 질문, 텍스트에 나와 있지 않은 내용을 유추하도록 돕는 질문, 내가 알고 있는 기존 사실과 비교하는 질문, 아이의 의견을 구하는 질문, 현대의 우리에게 적용하는 질문, '만약에'로 시작하는 가정법 질문 등 무슨 질문이든 좋습니다.

아이의 뇌뿐만 아니라 질문을 만드는 부모의 뇌에서도 활발한 시냅스의 연결이 일어날 것입니다.

알파 세대가 더욱 책을 읽어야 하는 이유

이제 결론을 이야기할 시간입니다.

자, 왜 책을 읽어야 할까요?

여러 이유가 있겠지만, 뇌과학자의 입장에서는 독서가 우리 뇌를 힘들게 하기 때문이라고 말하고 싶습니다. 책을 읽는 순간, 뇌는 현실에서 보이지 않는 새로운 세상을 상상해야 합니다. 신경세포들이 새로운 가지를 뻗치고 서로 연결하며 새로운 길을 만들어야 합니다.

이러한 과정이 결정적 시기에 이루어진다면 아이의 뇌는 다른 사람이 가지지 못한 길들을 만들어낼 것입니다. 남들은 못 하는 새로운 창의적 생각은 어느 시기에나 중요하게 여겨졌습니다. 그러나 지금 우리 아이들이 살아가야 할 세계에서는 더욱 중요해졌습니다.

눈치 빠른 독자들은 이미 변화의 물결을 온몸으로 느낄 것입니다. 앞으로 우리가 맞이할 세상은 인공지능과 함께하는 세상, 메

타버스Metaverse(초월이라는 뜻의 'meta'와 세상이라는 뜻의 'universe'
의 합성어로, 현실과 가상 세계의 경계가 없는 새로운 디지털 세계를 의미
합니다)와 현실을 오가는 세상입니다. 이런 세상의 특징을 세 가
지로 꼽을 수 있습니다.

첫째, 정보는 무료이고, 무한으로 존재합니다. 많이 아는 것만
으로는 살아남기 힘들다는 뜻이지요.

둘째, 인공지능을 비롯한 기계가 엄청난 양의 정보를 엄청난
속도로 처리하는 세상입니다. 사람은 기계한테 없는 능력을 발휘
해야 합니다. 예를 들면 보이지 않는 것을 머릿속에 그려내는 능
력, 즉 상상력이라고 할 수 있겠네요.

셋째, 메타버스의 핵심은 상상 속 세계에 들어가서 생활하는
것입니다. 그런데 다른 사람이 상상한 세상은 진짜 나의 세상이
아니죠. 더 즐겁고 흥미롭게 살기 위해서는 내 상상력에 기반한
나만의 콘텐츠를 만들어낼 수 있어야 합니다.

상상력이 핵심인 세상에서 나의 역량을 발휘하며 행복하게 살

고자 한다면 그에 맞도록 뇌를 훈련하는 게 필요하겠지요. 그 훈련으로 가장 최적화된 것이 '독서' 말고 또 무엇이 있을까요?

지금까지 뇌과학자로서 아주 짧고 단순하게 독서에 대한 생각을 나누어보았습니다. 중요한 것은 실천입니다. 쉬운 책부터 조금씩 매일 글을 읽는 것이 도움이 된다고 말씀드리고 싶네요.

또한 같은 내용이라도 다양한 언어로 접하는 것을 추천합니다. 서로 다른 내용의 책 여러 권을 동시에 읽는 것도 좋습니다. 뇌는 틀에 박힌 단조로운 일상적 정보보다 변화무쌍한 정보를 더 의미 있게 받아들이거든요.

예를 들어 처음 30분은 과학책을 읽고, 그다음 20분은 동화책을 읽는 식으로 중간에 전혀 다른 내용으로 넘어가는 것입니다. 어떠세요, 이렇게 읽으면 뇌가 집중력을 잃을 것 같다고요? 실험 결과, 두 가지 이상의 정보가 연결되어 오히려 그 반대의 효과를 볼 수 있다고 합니다.

이처럼 뇌가 좋아하는 방식으로 독서를 즐겨보길 바랍니다. 아이의 뇌를 자극하고 발달시키는 다양한 추천 도서를 이 책의 부록으로 덧붙였습니다. 이 또한 참고하시면 도움이 될 것입니다.

결정적 시기에는 독서 못지않게 다양한 경험도 중요합니다. 독서가 중요하다고 해서 매일 아이에게 아무것도 시키지 않고 책만 읽힌다면 우리 뇌는 독서의 경험을 지워버릴 것입니다. 뇌는 반복되는 것을 싫어하기 때문이지요.

아이는 밖에 나가서 축구도 하고, 놀이터에서 매달리기도 해야 하며, 게임도 해야 합니다. 친구를 만나고 여행도 해야 하지요. 이 모든 것이 뇌 속 신경세포가 여러 연결 고리를 만들어내는 과정이니까요.

그런데 요즘 아이들은 참 바쁩니다. 학교 숙제도 많고, 학원 시간표도 빡빡합니다. 국영수에 운동과 코딩까지 배울 것이 참 많지요. 중간중간 게임도 해야 하고, 예체능 수행평가도 준비해야 하며, 훗날 입시에 도움이 될 여러 대회에도 참가해야 합니다. 그러다 보니 아이가 자기 마음대로 쓸 수 있는 자유 시간이 많지 않은 현실이지요.

만약 다른 활동을 하기에도 애매한 자투리 시간을 아이와 어떻게 보내야 할지 몰라서 TV를 틀어줄지, 유튜브를 보여줄지 고민하게 된다면 그럴 때는 꼭 책을 건네주시라고 권하고 싶습니다. 물론 영상으로도 질 좋은 학습을 할 수 있습니다. 그러나 뇌가 너무 편안하게 공부를 즐긴다면 학습 경험은 깊게 남지 않고, 진짜 아이의 것으로 소화되었다고 볼 수 없거든요.

아이들이 맞이하게 될 미래는 지금과는 완전히 달라져 있을 것입니다. 훨씬 편리해질 뿐만 아니라, 더 많은 가능성과 상상이 현실화되는 세상이지요. 인공지능과 메타버스의 환경에서 숨 쉬고 생활하며 주인공이 될 우리 아이들의 뇌가 독서와 친해져 행복한 미래를 준비할 수 있길 바랍니다.

이것만은 꼭 기억하세요!

- '도움이 있다면 아이가 충분히 할 수 있는 영역'을 고르게 넓혀나가는 것이 바로 학습이고 공부입니다.

- 적절한 도움(내적 동기)은 이 영역을 빠르게 확장시키지만, 부적절한 도움(외적 동기)은 오히려 축소시킬 수 있습니다.

- 스스로 호기심을 가지고 공부를 하여 기술을 터득하고 싶어 하는 아이의 내적 동기가 이 영역을 지속적으로 확장해나가게 합니다.

- 아이의 내적 동기를 높이려면 상상력을 마음껏 발휘할 수 있는 환경을 조성해주세요.

- 무엇보다 놀이의 핵심은 상상력입니다. 아이가 놀이를 하면서 상상하는 순간, 실생활에서는 절대 경험할 수 없는 것들을 경험하게 되면서 경험의 폭이 넓어집니다.

- 독서에도 상상력이 필요합니다. 아이가 책을 읽는 순간, 뇌는 새로운 세상을 상상해야 하고, 신경세포들이 새로운 가지를 뻗쳐서 서로 연결하며 새로운 길을 만들어갑니다.

부록

아이의 뇌가
마음껏 상상하게
만들어주는 책들

한글책 추천 한미화(어린이책 평론가)
영어책 추천 이은경(자녀교육 전문가)

0~3세 아이의
뇌를 키워주는 책들

이제 막 세상에 태어난 아기는 천천히, 하지만 빠르게 성장합니다. 이 시기의 아이는 보고 듣고 만지는 감각으로 세상을 인식해요.

부모에게 책이란 정보와 지식과 이야기가 담긴 미디어지만, 아기에게 책은 장난감에 가깝지요. 아기는 다양한 놀잇감과 똑같이 책도 물고 빨고 때론 찢으며 가지고 놉니다.

그래서 0~3세 아이를 위한 책은 그 내용뿐만 아니라 물성에서도 많은 차이가 납니다. 우선 일반적인 그림책보다 본문 종이가 훨씬 두툼하지요. 대개는 합지合紙를 사용한 보드북이 어린이가 처음 만나는 책이에요.

0~3세에는 아이의 신체적인 성장도 놀랍지만, 미완성으로 타고난 뇌도 경이롭게 발달합니다.

뇌의 발달이란 신경세포들의 무수한 연결을 의미합니다. 이 연결 고리들이 많아질수록 똑똑하고 창의적인 사람으로 성장할 수 있지요. 신경세포들의 효율적인 연결을 위해서는 적절한 자극과 경험이 필수입니다.

이 시기의 아이에게 책이란 뇌를 자극하는 일과 같습니다. 아기가 고사리 같은 손으로 책을 만지며 책장을 넘기는 일도, 부모가 책을 읽어주는 소리를 들으며 그림을 보는 일도 모두 훌륭한 감각 자극이에요.

무엇보다 부모가 책을 읽어줄 때 아기는 사랑받고 있다는 사실을 느낄 수 있습니다. 뇌가 가장 좋아하는 일이지요.

뭐 하니?

유문조 글 | 최민오 그림 | 길벗어린이

　아기가 유독 좋아하는 놀이가 있습니다. 까꿍 놀이가 그렇지요. 아주 어린 아기는 눈앞에 보이지 않는 것은 존재하지 않는다고 생각합니다. 두 돌 무렵에야 '대상 항상성'이 생겨서 보이지 않아도 존재한다는 것을 믿을 수 있습니다. 엄마가 손바닥으로 얼굴을 가렸다가 치우면서 "까꿍!" 하면 아기가 즐거워하며 까르륵 웃는 이유이지요. 하야시 아키코의 『달님 안녕』도 엄마 얼굴 같은 달님이 구름에 가렸다가 다시 나타나는 까꿍 놀이를 품고 있습니다. 『뭐 하니?』도 마찬가지예요. 그림책은 먼저 뒤돌아 앉아 있는 여러 동물을 보여줘요. "뭐 하니?" 하고 묻고서 넘기면 그제야 각 동물의 앞모습을 보여주지요. 일종의 까꿍 놀이예요. 곰돌이를 시작으로 원숭이, 코끼리, 강아지, 고슴도치가 차례로 등장하여 사물 인지를 돕는 것도 장점입니다.

깔깔 간지럼 놀이

기무라 유이치 지음 | 웅진주니어

기무라 유이치는 늑대와 염소의 우정을 담은 『폭풍우 치는 밤에』로 유명한 어린이책 작가입니다. 『깔깔 간지럼 놀이』는 플랩북(접힌 부분을 펼쳐서 그 속에 감춰진 내용까지 볼 수 있게 한 그림책) 형태를 지닌 그림책이에요. 전부 10권짜리 시리즈로 출간되어 있어요. 모두 0~3세 아이가 좋아하는 놀이, 혹은 이때 배워야 할 습관을 소재로 삼았지요. 이 시리즈에 포함된 까꿍 놀이, 인사 놀이, 응가 놀이 등은 이 시기의 아기에게 꼭 필요한 놀이입니다.

특히 아기들이 간지럼 놀이를 얼마나 좋아하는지는 부모라면 알지요. 그림책을 넘기며 동물들을 간지럼 태우다가 마지막 장면에 다다라서는 우리 아이도 간지럼을 태워보세요. 아이는 자지러지게 웃으며 즐거워할 거예요. 일본에서는 1천만 부가 넘게 팔린 아기책의 고전이자 필독서입니다.

냠냠냠 쪽쪽쪽

문승연 지음 | 길벗어린이

0~3세 아이가 좋아하는 그림책의 가장 큰 특징은 '소리'입니다. 부모가 그림책을 읽어줄 때 아기는 리듬감 있는 의성어나 의태어 같은 말소리에 민감하게 반응합니다.

오랫동안 사랑받은 아기 그림책들은 대개 운율과 리듬이 살아 있지요. 아기들이 좋아하는 그림책인 다다 히로시의 『사과가 쿵!』은 내용도 흥미롭지만, 소리의 즐거움이 가득한 책이에요. 『냠냠냠 쪽쪽쪽』도 아기의 청각을 자극합니다.

아기가 먹어봤음 직한 딸기, 사과, 바나나 같은 과일들을 보여주고 먹을 때 나는 "냠냠냠, 쪽쪽쪽, 삭삭삭" 같은 소리들을 함께 담았습니다. 먹을거리와 먹는 소리를 연결하여 아기의 청각과 미각을 자극하는 책입니다.

또, 또, 또 해주세요

베라 B. 윌리엄스 지음 | 노경실 옮김 | 열린어린이

이 그림책은 아빠, 할머니, 엄마가 아이의 배꼽, 발가락, 눈에 뽀뽀를 하며 전개됩니다. 이야기는 단순하지만, 아이의 여러 감각을 자극하지요.

우선 아빠가 "우리 아기 배꼽 좀 보세요!"라며 감탄의 손짓을 하면 아기는 자기 배꼽을 인지합니다. 아빠가 아기의 작고 귀여운 배꼽에 뽀뽀를 하면 아기는 까르륵 웃으며 간지러워하지요. 청각과 촉각이 더해집니다. 아기는 여기서 멈추지 않고 "또, 또, 또 해주세요!"라는 말을 반복해요. 언어적인 자극까지 추가되는 것이지요.

영유아를 위한 그림책이 지녀야 할 덕목이 모두 담긴 책입니다. 무엇보다 아기를 사랑하는 아빠와 할머니와 엄마의 마음이 오롯이 담겨 있습니다.

네 박자 자장가

이보나 흐미엘레프스카 지음 | 이지원 옮김 | 논장

　세계적인 그림책 작가인 이보나 흐미엘레프스카의 잠자리 그림책입니다. 서양에서는 '베드타임 스토리bedtime story' 장르가 따로 있을 만큼 0~3세 아이에게 꼭 필요한 책입니다.

　잠자리 그림책은 단조롭고 반복되는 언어를 되풀이하면서 아이가 잠을 받아들이도록 이끕니다. 물론 잠자리 그림책을 읽어준다고 바로 아이가 잠드는 건 아니에요. 하지만 잠자리 의식으로 책 읽기를 받아들이는 일은 이후의 읽기 습관을 굳히는 데에도 중요합니다.

　『네 박자 자장가』는 하나, 둘, 셋, 넷까지 숫자를 세면서 방 안의 모든 것이 잠드는 모습을 보여줍니다. 단순하게 되풀이되는 리듬이 아이를 편안하게 잠의 세계로 이끌어줘요.

0~3세가 읽기 좋은 영어책

아이가 언어를 배우는 과정은 한글이나 영어나 똑같습니다. 이 시기에는 영어에 대한 거부감과 이질감을 최소화하기 위해 글자보다 그림의 비중이 높고, 내용을 이해하지 못해도 그림만으로 읽어낼 수 있는 수준의 책이 필요해요. 아이가 좋아할 커다란 그림에 영어 몇 글자가 얹힌 그림책이 최고지요. 영어를 가르치려는 의도보다 영어와 친해지게 만들자는 목표면 충분합니다.

Pants

Glies Andreae 글 | Nick Sharrat 그림 | Puffin Books

표지만 보아도 웃음 짓게 만드는 사랑스러운 책입니다. 기저귀를 떼고 나서 팬티를 입기 시작하는 연령의 아이들을 위해 세상의 모든 다양한 팬티를 담은 그림책이지요. 하트 무늬 팬티를 입고 물구나무서 있는 아이의 행복한 표정이 담긴 표지 그림은 아이들의 상상력과 호기심을 유발하기에 충분합니다. 처음에는 주변에서 흔하게 볼 법한 평범한 팬티로 시작하지만, 책장을 넘길수록 신기하고 기상천외한 팬티들이 등장하여 아이의 시선을 사로잡습니다. 평범해 보이는 일상의 소재로도 아이의 상상력을 충분히 자극할 수 있음을 제대로 보여주는 그림책이랍니다.

Go Away, Big Green Monster!

Ed Emberley 지음 | LB Kids

초록색 얼굴을 빼꼼히 내비치는 괴물의 모습이 무섭기보다는 우스꽝스러워서 오랫동안 아이들의 사랑을 받아온 그림책입니다.

이 책은 책장을 넘길 때마다 괴물의 모습이 조금씩 완성되어갑니다. 처음 책을 펼치면 동그란 노란색 두 눈부터 다음 페이지의 기다란 초록색 코 등이 조금씩 드러나다가 마지막으로 괴물이 짠! 완성됩니다. 그런 괴물을 향해 "Go Away!"라는 주문을 외치면 그렇게 완성된 괴물의 모습이 또 하나씩 사라져버리고요. 괴물이 등장하는 책인데 사랑스럽기 그지없습니다.

Pooh!

David Roberts 지음 | Little Tiger Press

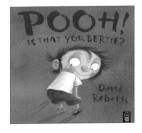

단숨에 아이의 마음을 사로잡을 만한 아이들의 영원한 사랑 '방귀'를 소재로 활용한 유쾌한 그림책입니다. 주인공 버티Bertie는 일상의 곳곳에서 아주 큰 소리로 방귀를 뀌고는 낄낄대며 좋아합니다. 그 모습과는 대조적으로 부모님은 방귀 뀌는 버티를 보며 당황스러워하죠. 실제 일상에서 가족이 쉽게 경험하는, 유쾌하고도 공감이 가는 에피소드들을 지켜보면서 아이와 함께 즐거워할 수 있어요.

Banana

Ed Vere 지음 | Puffin Books

'banana'라는 한 단어만 사용해 번뜩이는 이야기를 만들어낸 재치 만점의 그림책이랍니다. 이 책에는 처음부터 끝까지 줄곧 'banana'라는 단어가 등장하지만, 모두 다른 의미로 사용되기 때문에 같은 말이라도 서로 다른 상황에 따른 느낌을 살려서 읽는 것이 중요합니다. 예를 들어 "Banana!"를 외치며 밝게 웃는 얼굴로 달려오는 장면에서는 반가움을 힘차게 표현하는 목소리, "Banana?"라고 물으며 어리둥절해하는 장면에서는 궁금함과 아쉬움이 진하게 묻어나는 목소리가 어울린답니다. 그래서 처음에 한두 번은 부모님이 읽어주시는 게 좋지만, 이후에는 아이가 훨씬 더 실감 나게 따라 읽으며 이야기에 몰입하는 모습을 관찰할 수 있습니다.

I Am Bear

Ben Bailey 글 | Sav Akyuz 그림 | Walker Books

아이들의 호기심을 유발하는 엉뚱한 표정의 보라색 곰을 주인공으로 하는 유쾌하고 발랄한 이야기예요. 이 보라색 곰은 멋진 척을 하다가 쿵쿵 다치기도 하고, 벌집을 삼켜버려 배 속에 벌꿀을 가득 담기도 해요. 생각만 해도 웃음이 나오는 온갖 장난꾸러기의 모습을 보여주지요. 그런 보라색 곰을 보면서 아이는 일상의 즐거운 추억을 떠올리며 감정을 이입하게 된답니다.

4~7세 아이의
뇌를 키워주는 책들

4~7세가 되면 아이는 정말로 하루가 다르게 똑똑해집니다. 그동안 보고 듣고 만지고 경험한 모든 것을 토대로 무수히 많은 시냅스가 지금까지 만들어졌고, 또 앞으로도 계속 왕성하게 만들어지기 때문입니다.

이 또래 아이는 세상의 모든 것을 궁금해합니다. 그 증거가 "왜?"라는 말이지요. 무엇이든 "왜?" 하고 묻는 통에 부모는 당혹스러울 때가 많지만, 다른 말로 하면 이는 아이가 똑똑해지고 있다는 신호예요.

이 시기에는 아이의 궁금증을 따라가며 새롭게 배우고 익히는 기쁨을 느끼도록 도와주세요.

우리 뇌는 외따로 떨어진 하나의 지식보다 다양한 관점으로 연결되는 지식을 더 좋아하고 잘 기억합니다. 예를 들어 아이와 함께 동물원에 다녀왔다면 그날 저녁에는 동물이 등장하는 옛이야기책, 혹은 동물의 특징을 소개하는 지식 그림책을 읽어주면 좋습니다. 경험과 지식이 연결될 때 우리 뇌는 훨씬 잘 기억하며 더 많은 시냅스 연결이 일어납니다.

또한 4~7세는 사물 인지 수준의 0~3세용 그림책에서 벗어나 스토리 그림책을 즐기기 시작하는 시기입니다. 인과 관계에 대한 이해가 생겨서 이제 아이도 이야기를 충분히 즐길 수 있기 때문이지요.

게다가 어린이의 고유한 특질인 상상력으로 마음껏 세계를 자유롭게 학습하는 시기예요. 이 시기의 어린이는 다양한 그림책의 최고 독자입니다.

손으로 말해요

조지 섀넌 글 | 유태은 그림 | 루시드폴 옮김 | 창비

　'소근육 운동이 어린이의 두뇌 발달에 좋다'라는 말을 들어보셨을 거예요. 그래서 부모는 아이가 아직 여물지 않은 고사리 같은 손을 움직여 종이를 접고 블록 놀이를 하도록 함께하지요. 손의 사용은 지금의 인류를 만든 중요한 변화의 시작이기도 합니다. 아이가 손을 이용해 할 수 있는 일 역시 많을수록 좋습니다.

　『손으로 말해요』는 손으로 할 수 있는 일들을 보여주는 그림책입니다. 손으로 인형 놀이를 하고, 신발 끈을 묶고, 공을 던지고, 숟가락질을 합니다. 그뿐만 아니라 손으로 음식을 나누고, 다른 사람의 눈물까지 닦아주지요. 손으로 인사하고, 잘했다며 박수를 칠 수도 있습니다. 나아가 손으로 사랑한다고 말할 수 있지요. 손을 사용해 아이의 뇌를 자극할 뿐만 아니라 사랑하고, 사랑받고 있다는 친밀감을 전할 수 있어요.

뭐든 될 수 있어

요시타케 신스케 지음 | 유문조 옮김 | 위즈덤하우스

요시타케 신스케는 아이뿐만 아니라 어른도 좋아하는 작가입니다. 요시타케는 어린이의 고유한 세계를 이야기로 만들어 성인 독자까지 웃음 짓게 만들지요.

『뭐든 될 수 있어』에서 엄마는 집안일로 바쁜데 나리는 같이 놀자고 조릅니다. 자기 몸으로 사물을 흉내 내고는 엄마에게 맞혀보라고 하지만, 어른의 마음을 상징하는 엄마가 맞힐 리 없습니다. 나리가 몸으로 흉내 내는 퀴즈를 보면 탄성이 나옵니다. 어쩌면 이렇게 빛나는 생각을 다 했을까 싶어서죠.

이 시기의 아이는 모두 나리처럼 반짝입니다. 그림책을 읽으며 퀴즈를 맞혀봐도 좋고, 다 읽고 나서 나리처럼 몸으로 사물을 표현하는 놀이를 해도 좋겠어요. 이 시기의 아이를 위한 그림책은 이처럼 그 자체로 즐거움이자 놀이가 되어야 합니다.

문어 목욕탕

최민지 지음 | 노란상상

어린이의 가장 큰 특징 중 하나는 '판타지'입니다. 아직 어리고, 힘도 약하고, 혼자 할 수 있는 게 별로 없는 아이는 스스로 판타지의 세계를 만들고 그 속에서 못다 이룬 꿈을 꿉니다. 아이가 주인공인 그림책에서 판타지는 특권이고 권리예요.

아이에게 판타지는 허무맹랑한 이야기 그 이상이에요. 꿈을 꾼다는 것은 상상할 수 있다는 뜻이지요. '만약 다른 일이 벌어진다면'이라는 가정은 '보이지 않는 것을 보는 능력'입니다. 이 능력이 오늘날 인류의 문명을 만들었습니다.

『문어 목욕탕』에서는 엄마 없이 혼자 목욕탕에 간 아이가 탕에 들어갔다가 문어를 만나요. 목욕탕에 문어가 있을 리 없지만, 외로운 아이는 문어를 만나 한바탕 신나게 놀지요. 상상 놀이를 한 아이는 어려움을 너끈하게 이겨낼 수 있는 법입니다.

숲속 괴물 그루팔로

줄리아 도널드슨 글 | 악셀 셰플러 그림

노은정 옮김 | 비룡소

영국 어린이들이 무척 사랑하는 '그루팔로'를 주인공으로 삼은 그림책이에요. 꾀 많은 생쥐가 괴물 그루팔로를 상상해서 만들어 내고, 심지어 그루팔로를 들먹이며 자신을 잡아먹으려는 동물들을 골려줍니다.

옛이야기에서 만날 수 있는 반복 구성을 지니고 있어서 아이가 다음 페이지에서는 어떤 일이 벌어질까를 상상하며 읽어낼 수 있어요. 옛이야기는 이처럼 이야기 안에서 일정하게 같은 패턴을 반복합니다. 반복만큼 뇌의 시냅스 연결을 강화하는 훈련이 없습니다.

더구나 무시무시한 동물들을 골려먹는 존재가 어린이처럼 작고 힘이 없는 생쥐라니 재미날 수밖에요.

앗, 바뀌었어!

박정선 기획 | 장경혜 그림 | 비룡소

「과학의 씨앗」 시리즈 중 한 권입니다. 『앗, 바뀌었어!』는 말린 옥수수 알갱이를 뜨거운 냄비에 넣어 달구면 팝콘이 되듯 물질이 변화하는 모습을 보여주는 논픽션 그림책이에요. 달걀, 버터, 물 등이 변하는 모습도 사진과 그림으로 보여주지요.

대수롭지 않아 보이지만 이런 변화를 다루는 학문이 화학입니다. 이 시리즈는 어린이가 일상에서 흔하게 만날 수 있는 소재에서 시작해 사고를 확장하는 기쁨을 맛보게 합니다. 같은 시리즈인 「과학의 씨앗」 중 한 권인 『쭈글쭈글 주름』은 우리 몸에 있는 주름에서 시작해 주름의 원리를 이용한 도구를 만나도록 이끕니다. 과학 지식의 나열이 아니라 과학적으로 생각하는 법을 보여주는 그림책이지요. 이 시기의 아이는 지식 자체보다 사고하는 법을 익혀야 똑똑해집니다.

4~7세가 읽기 좋은 영어책

　이 시기의 아이들은 그림책 속 주인공과 나를 동일시하거나 친한 친구로 느낍니다. 그래서 일상에서 흔히 겪을 수 있는 평범한 에피소드를 재미있고 기발하게 담아낸 그림책을 위주로 선정했어요. 친구처럼 친밀하게 느껴지는 주인공들의 일상을 통해 반복되는 어휘와 구문을 자연스레 습득하며 영어에 관한 자신감을 가질 수 있습니다.

I Will Not Ever Never Eat a Tomato

Lauren Child 지음 | Orchard Books

주인공 롤라Lola는 편식쟁이예요. 롤라는 당근도 콩도 토마토도 싫어하는데 오빠인 찰리Charlie가 편식쟁이 동생인 롤라를 위해 재미있는 방법을 생각해냈어요. 덕분에 먹기 싫은 음식도 골고루 먹게 된 롤라. 편식이 심한 아이들이 그림책 속 두 아이의 모습을 통해 자기 모습을 즐겁게 돌아볼 수 있게 해주는 고마운 책이랍니다.

Daisy You Do!

Kes Gray 글 | Nick Sharratt 그림 | Red Fox Books

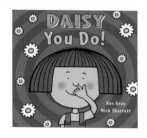

장난기 가득한 주인공 데이지Daisy는 엄마의 잔소리를 거부하죠. 코를 파지 마라, 소리 내면서 먹지 마라, 옷을 늘어놓지 마라, TV를 가까이 보지 마라 등등 하루 종일 쏟아지는 엄마의 잔소리에 모두 "엄마도 그러잖아요!"라고 응수합니다. 그런 데이지에게 엄마는 이런저런 변명을 늘어놓기 시작하는데요, 데이지의 당당한

모습과 엄마의 쩔쩔매는 모습이 흥미로운 대조를 이루는 일상 동
화랍니다.

No, David!

David Shannon 지음 | Blue Sky Press

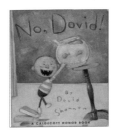

보기만 해도 웃음이 나게 만드는 장난꾸러기 데이비드David가 주
인공이에요. 그런 데이비드를 보면서 아이들은 마치 내 이야기인
듯, 내 친구의 이야기인 듯 생생하게 공감하며 깔깔 즐거워할 수
있습니다. 어른들이 흔히 하지 말라는 행동만 쏙쏙 골라내어 크
고 작은 사고를 치는 데이비드의 유쾌한 하루는 아이들에게 묘한
대리 만족감을 주면서 이야기에 빠져들게 만든답니다. 영어 그림
책을 거부하는 장난기 많은 아이들을 위한 최고의 그림책이 될
거예요.

It Looked Like Spilt Milk

Charles G. Shaw 지음 | HarperCollins

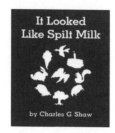

'쏟아진 우유 같아요'라고 해석할 수 있는 이 그림책의 제목은 첫 장을 열기도 전에 아이들의 호기심을 자극하기에 충분합니다. 책 장을 넘겨가면서 다양한 흰색 얼룩을 만나게 되는데요, 그것들을 아이 나름의 시선으로 해석해볼 여지를 주고 있답니다. 그래서 여러 번 보아도 새롭고, 아이의 시선과 생각을 짐작해볼 수 있기도 해요. 같은 무늬도 바라보는 사람에 따라 얼마나 다양한 해석이 가능한지 실감케 해주는 상상력 자극용 그림책입니다.

초등 저학년의
뇌를 키워주는 책들

아이가 학교에 입학한다는 건 또래 아이들과 어울려 지낼 수 있다는 뜻입니다. 친구를 사귀고 관계 맺기의 즐거움과 어려움을 겪으며 서서히 사회의 일원으로 성장해가지요.

아이가 많은 시간을 보내는 장소도 집에서 학교로 자연스럽게 옮겨집니다. 여전히 가족이 가장 중요하지만, 그 중심이 차차 친구로 옮겨지겠지요. 아이의 세계와 외연이 확장되므로 초등 저학년(1~3학년)을 위한 책 또한 이런 변화를 반영합니다.

이 시기의 읽기 습관에서 가장 중요한 과제는 '말과 이미지를 떠나서 텍스트의 세계로 이행하기'입니다. 아직은 그림책 혹은 삽화가 담긴 동화책을 보면서 읽기 연습을 해야 하지만, 곧 그림의 도움 없이 텍스트만으로 머릿속에 상상의 집을 지을 수 있도록 꾸준히 읽기 훈련을 해야 합니다.

초등 3학년부터는 사회나 과학 등 낯선 교과를 공부하기 시작하고, 어려운 개념어가 등장해요. 아이는 이런 추상의 세계가 어렵고, 부모는 아이의 교과 학습에 대해 조바심이 생깁니다. 초등 교과에서 다뤄지는 사회나 과학은 지식의 폭이 넓지만, 상대적으로 그 깊이는 얕은 편이에요. 그래서 더 어렵게 느껴지지요.

부교재로 삼을 만한 어린이 교양서는 많은 편이니, 아이가 이런 책들을 읽어 배경지식을 쌓도록 도와주세요. 다만 아이는 아직은 세상에 대한 호기심이 넘치고 궁금한 것도 많습니다. 교과 지식을 강요하기보다 읽고 생각하는 일이 즐겁다는 사실을 직접 느껴야 해요.

재미있어야 아이가 관심을 쏟고 더 많은 책을 읽으며 왕성한 시냅스 연결을 이룰 수 있습니다.

개구리와 두꺼비는 친구

아놀드 로벨 지음 | 엄혜숙 옮김 | 비룡소

아놀드 로벨의 '개구리와 두꺼비' 시리즈 중 한 권입니다. 1970년에 출간되었지만 언제 읽어도 웃음이 나고 행복해지는 동화예요. 친구란 원래 비슷하지만 또 다른 법이지요. 어른스러운 개구리와 엉뚱한 두꺼비의 모습이 딱 그렇습니다. 개구리와 두꺼비가 같이 단추를 찾고, 편지를 기다리는 등 자극적이지 않지만 다정한 이야기를 읽다 보면 친구란 이런 사이라는 걸 느끼게 됩니다.

게다가 처음 혼자 읽기 시작한 아이가 힘들이지 않고 즐길 만큼 적당한 분량의 텍스트와 문장의 난이도를 지니고 있습니다. 그런데도 아이가 혼자 읽기 힘들어하면 부모님이 소리 내어 읽어주시길 권합니다. 듣는 귀는 타고나지만 읽는 뇌는 후천적으로 만들어집니다. 우선은 잘 들어야 잘 읽을 수 있어요.

나는 기억할 거야

유은실 글 | 김유대 그림 | 사계절

예민한 데다가 편식까지 하는 오빠를 둔 정이가 주인공인 저학년 동화입니다. 8~9세 아이가 흔하게 겪을 법한 일을 소재로 삼아 친근하게 읽을 수 있습니다. 이야기 두 편이 한 권에 들어 있는데, 그중에서 「카드뮴은 너무해」는 끝말잇기를 새롭게 정의한 동화예요.

정이는 끝말잇기를 잘하는 오빠와 놀다가 자꾸 딱밤을 맞게 되어 속이 상했습니다. 그날 저녁, 엄마는 새로운 말놀이를 제안합니다. 말 가운데 '디'를 넣는 놀이예요. '다디단'이나 '차디찬'처럼 단어 가운데 '디'를 넣으면 돼요. 말놀이의 즐거움은 물론이고 경쟁 없는 새로운 놀이를 만들어내는 이야기가 흥미롭습니다.

약삭빠르기는커녕 도리어 착하고 무던한 정이가 자기만의 속도로 자라는 모습이 건강한 작품입니다. 읽고 나서 꼭 '디' 놀이를!

마법의 시간 여행

메리 폽 어즈번 글 | 살 머도카 그림 | 노은정 옮김 | 비룡소

　어린이에게 과학, 사회 등 학습을 목적으로 교양 도서를 읽히고 싶을 때 가장 먼저 권하는 책이 『마법의 시간 여행』입니다. 이 시리즈는 '시간 여행'을 활용해 아이가 접하기 어려운 지식들을 이야기로 풀어낸다는 장점이 있습니다.

　잭과 애니 남매가 나무 위 마법의 오두막집에 올라서 책을 펼치면 그 속으로 시간 여행을 떠나게 됩니다. 같은 방식으로 남매는 이집트 미라도 만나고, 빙하시대는 물론 로마 시대로도 미래로도 여행을 떠나요. 남매의 모험 이야기를 읽다 보면 자연스럽게 세계 역사, 지리, 과학, 문화, 인물 등 다양한 교양 지식을 접할 수 있습니다. 딱딱한 지식 그 자체가 아니라 이야기에 올라타서 폭넓은 배경지식을 쌓을 수 있지요.

스무고개 탐정 시리즈

허교범 글 | 고상미 그림 | 비룡소

우리 뇌가 가장 좋아하는 일은 문제 해결입니다. 무릇 한 권의 책이란 질문에 대한 답이지만, 탐정이 등장해 추리를 펼치는 작품은 그 자체가 '과연 누가 범인일까?' 하는 질문이에요. 전체 12권으로 완간된 『스무고개 탐정』은 초등 5학년인 스무고개 탐정과 친구들이 사건을 해결해가는 시리즈 동화입니다.

한 권 한 권 읽을 때마다 스무고개 탐정의 과거나 친구들 사이의 비밀이 드러나며 이야기가 점층적으로 풍성해집니다. 스무고개 탐정이 주인공이지만, 읽다 보면 친구들 모두가 주인공으로 성장하는 모습을 만날 수 있습니다. 아이가 한 권씩 읽다가 자신도 모르게 12권이나 되는 책을 모두 읽게 됩니다. 서사가 복잡하게 얽힌 장편을 읽어내는 힘을 기를 수 있는 동화입니다.

초등 저학년이 읽기 좋은 영어책

그림은 줄어들고 글밥이 늘어나는 '리더스북Reader's book'은 초
등 저학년 시기에 도전해볼 만한 즐거운 경험입니다. 주로 한글
로 된 이야기에 익숙해져 있을 아이가 영어로 된 글자를 읽고 그
의미를 이해했더니 즐거운 이야기더라, 라는 긍정적인 기억이 남
도록 도와주세요.

Froggy
Jonathan London 글 | Frank Remkiewicz 그림 | Puffin Books

장난꾸러기 개구리가 주인공인 영어 그림책 시리즈(전체 51권)
인데요, 미취학 아동부터 초등 저학년 아이까지 모두에게 도움

이 될 만한 유쾌한 이야기랍니다. 각 권마다 주인공 개구리인 프로기Froggy가 벌이는, 즐겁고 웃음 짓게 만드는 에피소드를 다루고 있어서 이 장난꾸러기가 또 어떤 사건을 벌일지 기대하며 읽는 재미가 쏠쏠합니다. 개구리로 묘사되어 있지만, 실은 우리가 주변에서 흔히 만날 수 있는 어린 남자아이의 일상이라 생각하면 더욱 귀엽고 흥미진진하답니다.

Mr. Men and Little Miss

Roger Hargreaves, Adam Hargreaves 지음 | Grosset & Dunlap

한글판 'EQ의 천재들'로도 유명한 시리즈이지요. 아버지인 로저 하그리브스가 그리다가 지금은 그의 아들인 애덤 하그리브스가 계속 이어서 그리고 있는데, 그 권수가 방대합니다. 하지만 각 책의 제목이기도 한 캐릭터들의 이름만 들어도 그 성격을 충분히 짐작할 수 있답니다. 한글판 제목도 그런 특징을 고려하여 『Mr. Tickle』은 '간지럼 씨', 『Mr. Greedy』는 '먹보 씨', 『Mr. Happy』

는 '행복 씨', 『Mr. Nosey』는 '참견 씨' 등으로 번역되어 있어요. 얼핏 비슷해 보이는 캐릭터들이 그 이름에 따라 어떤 다른 말과 행동을 보여주는지 지켜보는 재미가 있습니다. 작가 특유의 유머 코드가 녹아 있는데요, 글밥이 적은 편은 아니기 때문에 부모님 이 먼저 읽어주시거나 한글판으로 먼저 접해보는 것도 좋은 방법 입니다.

Elephant and Piggie
Mo Williams 지음 | Hyperion Books for Children

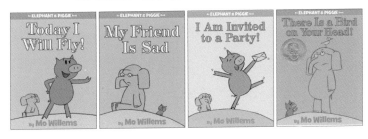

밝고 귀여운 분홍 돼지 피기Piggie와 덩치는 크지만 소심하고 조심스러운 코끼리 제럴Gerale 두 주인공의 우정을 다룬 사랑스러운 영어 그림책 시리즈예요. 그림만 보아도 어느 정도 그 내용을 파악할 수 있을 만큼 두 주인공의 말, 행동, 표정이 코믹하고 실감나게 표현되어 있어서 전체 25권인 이 시리즈를 보는 내내 웃음

짓게 만든답니다. 두 친구가 어울려 노는 모습이 어린아이들의
일상과 비슷해 감정이입 하며 즐겁게 읽을 수 있는 책이에요.

I Can Read: My First Little Critter

Mercer Mayer 지음 | HarperCollins

외모부터 웃음을 유발하는 리틀 크리터의 일상을 흥미진진하게
그린 전체 20권의 시리즈인데, 진지한 듯하면서도 상황을 자세하
게 묘사한 그림들 덕분에 오랜 시간 어린이 독자들의 사랑을 받고
있습니다. 특히나 그림 구석구석에 거미와 생쥐가 등장하는데요,
이것을 찾아보는 재미가 크답니다. 이 시리즈는 그림책으로 먼저
나온 후 리더스북이 출간됐습니다. 미취학 시기에 그림책으로 이
책을 접한 아이들이라면 더욱더 초등 저학년 시기에는 리더스북
을 추천해요.

초등 고학년 아이의
뇌를 키워주는 책들

이제 초등 고학년(4~6학년) 아이는 10대로 접어듭니다. 대략 10세를 넘으면 아이는 유일하고도 고유한 어린이의 세계를 떠나 어른이 될 준비를 시작하지요. 이제 부모보다 친구가 중요해집니다. 이 시기에 아이의 최대 관심사는 친구와 이성이에요. 친구 사이의 따돌림이나 연애나 사랑을 주제로 삼은 책이 재미있고 또한 필요해집니다.

고학년 아이는 다양한 종류의 책을 읽어낼 수 있습니다. 아이의 관심사가 무엇인지 살피고 자신이 읽고 싶은 책을 스스로 선택할 수 있도록 이끌어야 합니다. 이 시기의 아이는 상상의 세계를 떠나서 현실 문제에 관심을 보입니다. 좋아하는 연예인이나 스포츠 선수가 생기고, 인물 이야기를 잘 읽으며 잡지에도 흥미를 보이지요. 혹은 괴상하고 역겨운 것에 마음을 빼앗기거나 진부한 농담을 하며 유치한 책을 읽을 때도 있어요.

이처럼 고학년 아이는 가벼운 읽을거리부터 고전, 판타지, 미스터리, 인물 이야기 등 모든 장르의 책을 읽어냅니다. 꾸준히 읽어온 아이는 클래식한 작품도 너끈하게 소화하지요. 반면 읽기에 흥미를 잃었다면 먼저 아이의 관심사를 찾아서 접근하는 것이 좋습니다. 이 시기의 아이는 취향이 확실해지기 마련이니까요.

지금까지 아이의 뇌는 놀라울 정도로 성장해왔고, 이제 결정적 시기의 막바지에 이르렀을 테지요. 아이가 좋아하고 자주 접하면서 사용해온 것들의 시냅스는 두껍고 빠르게 연결되어 있겠지만, 그동안 별로 사용하지 않은 시냅스는 곧 사라질지도 모릅니다. 뇌의 가지치기가 일어나기 때문이지요. 초등 시절에 읽고 상상하는 능력을 키운 아이는 상급 학교에서 수준 높은 책을 읽고 학습할 수 있는 능력을 갖추게 됩니다. 아이의 뇌에 치명적인 영향을 미칠 수 있는 마지막 시기를 결코 놓치지 마세요.

소리 질러, 운동장

진형민 지음 | 창비

초등 4~6학년은 본격적으로 책다운 책을 읽을 수 있는 시기이지만, 또래와 어울리는 일이 무엇보다 중요한 때입니다. 책보다는 게임이나 유튜브 등 친구들과 함께 즐길 거리를 최우선으로 여기지요. 아이가 책 읽기를 지루하고 고루한 일로 여긴다면 재미있는 동화가 필요합니다. 그럴 때는 이 책이에요.

야구부에서 쫓겨난 김동해와 여자라서 야구부에 들어가지 못한 공희주가 만나서 '막야구부'를 만드는 이야기를 담았습니다. 초등 고학년은 몸을 움직이는 걸 좋아하고 스포츠를 즐기는 때예요. 야구를 주제로 삼은 동화라는 점도 적절하고, 어린이가 어떻게 하면 더 재미있게 놀지를 궁리하는 이야기 속에서 스스로 배우고 성장할 수 있습니다. 게다가 '창의적으로 야구부를 만든' 『소리 질러, 운동장』은 유쾌하고 통쾌하기까지 합니다.

바꿔!

박상기 글 | 오영은 그림 | 비룡소

"입장을 바꿔서 생각해봐"라는 말을 하지만 세상에서 가장 어려운 일이 이해와 공감입니다. 5학년 마리는 엄마에게 화가 나 있습니다. 빵집에서 아침 일찍부터 일하는 엄마는 늘 바쁘지만, 오빠와 아빠도 있는데 딸인 마리에게만 이해해달라며 부탁이 많지요. 이 와중에 마리와 엄마의 몸이 바뀌고 맙니다. 마리 대신 학교에 다녀온 엄마는 "반 아이들이 따돌린다고 왜 말 안 했어?"라며 눈물을 글썽입니다. 하지만 엄마와 몸이 바뀐 일주일 동안 마리는 숱한 사건을 겪고 깨닫지요. 오로지 자신만 힘들다고 불평을 했지만, 겪어보니 엄마의 고난은 훨씬 심했던 겁니다. 현실에서 이런 '바꿔' 앱이 출시될 리야 없지만, 동화를 읽는 순간만은 상대의 입장에서 생각해볼 수 있습니다. '보이지 않는 것을 상상할 수 있는' 뇌의 능력은 상상뿐만 아니라 공감까지 가능하게 합니다.

어린 여우를 위한 무서운 이야기

크리스천 맥케이 하이디커 지음 | 이원경 옮김 | 밝은미래

전 세계의 10대가 가장 좋아하는 장르는 미스터리입니다. 자극적인 스토리는 그만큼 흡인력이 높지요. 무서운 이야기는 대개 선과 악이 뚜렷하고 주인공이 극한의 위험에 처하는 등 강력한 스토리로 무장하고 있습니다. 또 어른들이 대놓고 말하지 않는 삶의 무서운 진실을 보여주지요. 마다할 이유가 없습니다.

액자식 구성으로 전개되는 이 책에서는 습지 동굴에 사는 늙은 여우에게 새끼 여우 일곱 마리가 무서운 이야기를 들으러 가지요. 결국 무서운 이야기란 무엇인가요? 믿었던 사람이 배신할 때, 혹은 그들이 사나워지는 모습을 정면으로 볼 때가 아니던가요? 늙은 이야기꾼은 어린 미아와 율리가 생각지 못했던 두려움을 헤쳐가는 섬뜩한 이야기를 들려줍니다. 한번 손에 잡으면 놓을 수 없을 만큼 무시무시한 모험과 성장의 이야기입니다.

2022 스토리킹 수상작

그리고 펌킨맨이 나타났다

유소정 글 | 김상욱 그림 | 비룡소

어린이들이 읽고 심사하는 '스토리킹' 수상작입니다. 가상현실을 배경으로 게임에 빠지는 어린이의 마음을 생생하게 그려냈습니다. 5학년인 예지에게 현실은 내 맘대로 되는 일 하나 없는 답답한 세계예요. 가상세계 '파이키키'는 달라요. 동화에서 가장 섬뜩한 대목은 가상현실에서 아바타로 살 때가 현실에서보다 더 '예지'답다는 진실입니다. 그러나 가상세계에서 곤경을 겪고 난 예지는 '파이키키'에서 영원히 살 수는 없다는 것을 배웁니다. 현실은 실망스럽고 뜻대로 안 되지만, 그럼에도 "진짜 피가 흐르는 두 손을 휘저으며 살아가야 한다"는 사실도 깨닫지요. 『그리고 펌킨맨이 나타났다』는 마지막까지 거짓으로 어린이를 위로하지 않는 작품입니다. 이제 추상의 세계를 받아들일 수 있는 아이에게 깊은 생각과 여운을 남깁니다.

초등 고학년이 읽기 좋은 영어책

여러 장으로 구성되어 있는 챕터북Chapter Book은 초등 영어책의 최종 목표와 같은 곳인데요, 아이가 여기에 도전하도록 만들기 위해서는 매력적인 주인공과 뒷이야기가 참을 수 없이 궁금해지는 흥미진진함이 요구됩니다. 챕터북을 통해 호흡이 긴 글에 도전해보고, 더욱 복잡하고 다채로운 서사의 맛을 경험하길 기대합니다.

Princess in Black

Shannon Hale·Dean Hale 글 | LeUyen Pham 그림 | Candlewick

공주와 영웅이 등장하는 전형적 판타지로 초등 고학년 아이들에게 큰 사랑을 받는 전체 9권의 시리즈랍니다. 공주가 위험에 처하면 어디선가 영웅이 나타나서 구해주는 흔하디흔한 스토리가 아니거든요. 이 시리즈의 주인공인 공주는 무슨 일이 생길 때마다 입고 있던 드레스를 벗어 던지고, 검은 망토의 멋진 영웅으로 변신합니다. 색다른 영웅담을 통해 아이의 상상력을 자극할 수 있어요.

Nate the Great

Marjorie Weinman Sharmat 글 | Marc Simont 등 그림 | Yearling Books

탐정이 꿈인 주인공 네이트Nate가 자신을 탐정이라고 상상하면서 일상생활의 다양한 에피소드를 추리소설 속 사건처럼 해결해 나가는 모습을 지켜볼 수 있는 전체 29권의 시리즈예요. 초등 고학년 아이들이 비슷한 또래인 주인공의 다양하고 개성 넘치는 모

습과 우리 주변에서도 언제든 일어날 법한 일상에 공감하며 결말이 궁금해지게 만들지요. 네이트가 사건을 해결하는 방식에서 아이는 자연스레 통쾌함을 느끼며 주인공을 열심히 응원하게 된답니다.

Mercy Watson

Kate DiCamillo 글 | Chris Van Dusen 그림 | Candlewick

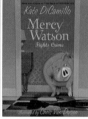

전체 6권인 이 시리즈의 주인공은 따뜻한 토스트를 좋아하는 돼지인 머시 왓슨Mercy Watson이에요. 토스트를 유독 좋아하기 때문에 토스트 냄새를 귀신같이 잘 맡고, 가족의 사랑을 듬뿍 받으며 지내지요. 이런 주인공 돼지의 눈치 없어 보일 만큼 해맑은 행동들은 아이의 마음을 훔치기에 충분하답니다. 한없이 평범한 일상 이야기인데도 머시의 사랑스러움과 재치에 입가에는 어느새 절로 웃음이 묻어 나옵니다.

Ricky Ricotta's Mighty Robot

Dav Pilkey 글 | Dan Santat 그림 | Scholastic Inc.

전체 9권인 이 시리즈는 남자아이들의 마음을 사로잡을 만한 로봇들의 대결 이야기입니다. 몸집이 작아서 늘 괴롭힘을 당하기 일쑤였던 주인공 리키 리코타Ricky Ricotta는 악당이 만든 착한 로봇을 만나게 되는데요, 소심해 보이는 리키와 마이티 로봇Mighty Robot이 서로를 돕고 응원하며 우정을 나눕니다. 그렇게 시작된 둘의 우정은 점차 단단해지고, 함께 정의를 위해 싸우게 되지요. 사람과 로봇이 한 팀을 이루어 싸우는 이야기로 아이의 상상력을 한껏 자극해볼 수 있답니다.